NEUE ENERGIE

für Körper,
Geist und Seele

Für Denis

Titel der englischen Originalausgabe: Boost Your Energy Naturally

Übersetzung: Dieter Krumbach, Nürnberg

Editorial Manager: Judith More
Art Director: Penny Stock
Senior Art Editor: Barbara Zuñiga
Executive Editor: Zia Mattocks
Design: Zoë Dissell
Editors: Siobhàn O'Connor, Lisa Dyer
Production Manager: Janette Burgin

Redaktion dieser Ausgabe: Dr. Iris Hahner, Beate Kunze
Covergestaltung: Hilden Design, München
Coverabbildung: Mauritius Images, Mittenwald
Satz der deutschen Ausgabe: Redlich-Design, Weidenberg

Wichtiger Hinweis:
Für die Anwendung und Qualität der Produkte, Verfahren, Kräuterzubereitungen und Öle, die in diesem Buch beschrieben sind, können die Autorin und der Verlag nicht haftbar gemacht werden. Beachten Sie grundsätzlich die Anweisungen der Hersteller und suchen Sie im Zweifelsfall sachkundigen Rat. Verwenden Sie keine Kräuterzubereitungen oder Öle, ohne vorher einen Fachmann konsultiert zu haben, wenn Sie schwanger sind, regelmäßig oder über einen längeren Zeitraum Medikamente einnehmen oder an einer Überempfindlichkeit der Haut leiden.
Die Ratschläge, Ideen und Informationen in diesem Buch sind vom Verlag sorgfältig erwogen und geprüft, dennoch kann eine Garantie nicht übernommen werden. Eine Haftung des Verlages und seiner Beauftragten für Personen-, Sach- und Vermögensschäden ist ausgeschlossen.

ISBN 3-8112-2335-6

5 4 3 2 1

Beth MacEoin

NEUE ENERGIE

für Körper, Geist und Seele

GONDROM

Inhalt

Einleitung

Fühlen Sie sich oft wie ausgepumpt? Ziehen die Freuden des Lebens an Ihnen vorbei, weil Sie überarbeitet sind? Fehlt Ihnen die nötige Konzentration, um sich einmal mit geistigen Dingen zu befassen? Wenn Sie diese drei Fragen mit „Ja" beantwortet haben, dann liegt hier das richtige Buch vor Ihnen.

Gesunde, sanft fließende, ausgewogene Energiezustände sind der Funke für unser Leben. Wer spürt nicht in seinem Innern, dass das Leben viel positiver ist, wenn wir mit emotionaler, geistiger und körperlicher Vitalität erfüllt sind? Alle Probleme, die auftauchen, können mit Selbstvertrauen und Einfallsreichtum angegangen werden. Wir müssen nur gesunde Energien tanken! Leider trifft auch das Gegenteil zu: Wir können nicht kreativ und unkonventionell denken, wenn wir völlig ausgelaugt und erschöpft sind.

Diese Einsicht ist für unsere persönlichen Beziehungen sehr bedeutsam, denn Vitalenergie hilft uns, sie zum Besten zu entwickeln. Hohe Energiezustände versetzen uns in die Lage, soziale Kontakte zu pflegen, kreativ zu denken und zu arbeiten – und uns zu lieben. Sie sorgen auch dafür, dass wir unseren gesunden Humor nicht verlieren, wenn wir einmal Pech haben.

Doch viele von uns besitzen nur wenig Energie, sodass der Alltag farblos bleibt. Wir wissen, wie stressig und fordernd das moderne Leben geworden ist. Und viele haben die Einstellung verinnerlicht, dass alles erschöpfend sei.

Dieses Buch soll Ihnen dabei helfen, die immer wieder auftretenden Hindernisse im Leben zu meistern und sich den Herausforderungen zu stellen. Sie sollten sich Ihre Ziele ruhig hoch stecken – Sie benötigen nur ein gutes Maß vitaler Energie!

LINKS: *Ein positiver Energiezustand sollte nicht auf den Urlaub beschränkt bleiben. Durch entsprechende Maßnahmen tanken und speichern Sie positive Energie für jeden Tag.*

NEUE ENERGIE ist ein anschaulicher, praktischer Leitfaden, mit dem Sie Ihr Gefühl für Vitalität schnell, effektiv und ohne große Anstrengung zurückgewinnen können. Spezielle Probleme werden im ersten Kapitel behandelt, während die folgenden Kapitel einen langfristigen Plan mit allen nötigen Informationen vorstellen, um künftig nicht mehr gestresst und ausgebrannt zu sein.

Keine Angst: Dieses Buch ist kein trockenes Unterrichtswerk, sieht keine Strafen vor und fordert von Ihnen keine Askese. Alle Vorschläge sind leicht realisierbar, spannend und auf ein Erfolgserlebnis ausgerichtet. Ich wünsche Ihnen viel Erfolg dabei! Sobald Ihre Energie zurückgekehrt ist, fühlen Sie neue Lebensfreude. Es wird Ihnen Spaß machen zu spüren, wie Ihr Weg zu neuer Vitalität Ihr Leben bereichert.

Vergessen Sie nicht, dass Energiezustände immer ausgewogen sein müssen. Sie benötigen also viel Vitalität, um die Anforderungen des Alltags zu meistern, ohne dabei überdreht und aufgekratzt zu sein. Wenn das eintritt, meinen Sie zwar kurzfristig, allem gewachsen zu sein, doch auf die Dauer bezahlen Sie einen hohen Preis.

Jede Überdrehtheit belastet unseren Körper langfristig. Immer im fünften Gang durchs Leben zu sausen, nimmt uns die Fähigkeit, abzuschalten und zu entspannen – mit vielen gesundheitlichen Problemen wie Kopfschmerzen, Migräne, Verdauungsstörungen und Schlaflosigkeit, um nur die häufigsten zu nennen.

Stattdessen sollten Sie auf eine beständige und ausgewogene emotionale, geistige und körperliche Vitalität achten. Arbeiten, und entspannen Sie so, wie Sie es für nötig halten. Ihr Körper wird Ihnen einmal dafür dankbar sein. Ausgewogene Energiezustände sind wichtig, um Gesundheit und Vitalität zu erfahren. Sie werden dann nicht nur viel leichter mit gelegentlichen Stimmungsschwankungen fertig, sondern halten Ihren Körper fit. Die wichtigsten Körperfunktionen wie Zellerneuerung, Aufbau und Erhaltung der Kondition funktionieren besser. Wenn Energie sanft durch unseren Körper strömt, geben wir unserem Leben mehr Würze und werden mit leichten Erkrankungen besser fertig.

RECHTS: *Mit einfachen hydrotherapeutischen Techniken können Sie sich munter machen oder auch beruhigen, je nach Ihren aktuellen persönlichen Bedürfnissen.*

1 Energie-Medizin

Heute können wir kaum eine Illustrierte aufschlagen, ohne dabei wenigstens über ein Gebiet der alternativen Medizin zu stolpern. Therapien wie Homöopathie, Akupunktur oder Kräuterheilkunde, einst eher belächelt, sind heute allgemein anerkannt und werden immer öfter als populäre und wirksame Methoden eingesetzt. Viele von uns haben vielleicht Freunde oder Kollegen, die Aromatherapie oder Chiropraktik als ungeeignet ansehen, um damit Kopf- oder Rückenschmerzen zu behandeln. Doch empfehlen heute viele Ärzte, einmal einen Heilpraktiker oder traditionellen chinesischen Heiler zu konsultieren, um hartnäckige Ekzeme oder Schuppenflechte zu behandeln.

Am deutlichsten sprechen die gut gefüllten Regale in einer Apotheke oder Drogerie für die weite Verbreitung alternativer Therapien. Auch Nahrungsergänzungsmitteln und natürlicher Kosmetik werden immer mehr Platz im Regal eingeräumt – früher hingegen waren es Nischenprodukte für alternative Läden. Ist ihre weite Verbreitung erst einmal gewährleistet, so wächst das öffentliche Interesse an alternativen Therapien und Heilme-thoden fast von selbst zu einem wesentlichen Faktor.

Selbst die Hartnäckigsten werden mit der Zeit kaum die Tatsache ignorieren können, dass uns eine breite Auswahl alternativer Therapien zur Verfügung steht, mit denen eine Vielzahl von Leiden behandelt werden kann. Diese Therapien können noch viel mehr leisten als nur die Behandlung von häufigen Unpässlichkeiten. Mit ihnen lassen sich auch Verdauungsbeschwerden, Migräne, Angstzustände und Depressionen, Arthritis, Menstruationsbeschwerden und Akne eindämmen. Dieser wichtige zusätzliche Nutzen hängt mit dem Wesen vieler alternativer Therapien zusammen: dem Stimulieren vitaler Energien.

LINKS: *Ganzheitliche Therapien helfen Ihnen sanft, aber effektiv, Herausforderungen zu bewältigen.*

RECHTS: *Viele ergänzende Therapien wie Massagen und Aromatherapie sind ein Genuss.*

VITALENERGIE ALS LEBENSFUNKE

Wenn Sie sich mit einem alternativen Therapeuten unterhalten, wird dieser bei der Beschreibung seiner Therapie unweigerlich auf das Thema „Stimulation der heilenden Energie“ kommen. Dabei wird jeder Therapeut zwar andere Worte wählen, aber das gleiche meinen. Ein Heilpraktiker zum Beispiel spricht über Vitalkräfte, ein Akupunkteur hingegen über *Chi*. Ein ayurvedischer Heiler kennt die Balance der *Doshas*, während ein Yogalehrer sich über die Stimulation des *Prana* oder den Lebensatem äußert. Zwar ist die Terminologie jedes Mal verschieden, doch meinen alle dasselbe: Energie.

Wenn diese Therapien effektiv angewandt werden, bewirken sie mehr, als nur die Krankheitssymptome zu bekämpfen. Sie vermitteln eine tiefe Erfahrung des Heilprozesses, der mehr ist als die Bekämpfung der Symptome. Optimal eingesetzt, besitzen diese Therapien das Potenzial, unsere geistigen, emotionalen und körperlichen Energiezustände auszubalancieren. Und wenn dieses vitale Gleichgewicht erst einmal hergestellt ist, entsteht ein Zustand des Wohlbefindens, den Sie vielleicht schon seit Ihrer Jugend nicht mehr kennen.

Es ist genau diese Stimulation der heilenden Energie, die in uns manchmal Skepsis gegenüber vielen alternativen Therapien auslöst. Schließlich können wir mit bloßem Auge die Akupunkturpunkte und -meridiane (die Energiekanäle, die man sich gemäß der traditionellen chinesischen Medizin entlang der Körperoberfläche denken muss) nicht sehen und wir finden manchmal auch keine Moleküle der Ausgangssubstanz mehr in einem homöopathischen Heilmittel. Doch müssen auch Skeptiker umdenken, denn es gibt immer mehr plausible Erklärungen für Vorgänge, die ja letztlich auf einer rationalen Basis ablaufen. So hat der Zusammenhang zwischen der Ausschüttung von Endorphinen

(vom Körper produzierte „Wohlfühl"-Stoffe) und der Anwendung von Akupunktur die Schulmedizin dazu gebracht, die schmerzstillende Wirkung der Akupunktur zu akzeptieren.

Es wird noch lange dauern, bis wir genau wissen, wie homöopathische Heilmittel, wenn sie sachgemäß verwendet werden, so effektiv wirken können. Derzeit müssen wir uns mit wenigen, wenn auch bemerkenswerten Theorien begnügen. Dazu zählen die Theorie des „Gedächtnisses" von Wasser, die besagt, dass die Wassermoleküle einen „Fingerabdruck" einer Substanz bewahren, die als Ausgangsbasis für das homöopathische Heilmittel diente. Die Lösung hat auch dann einen positiven Heileffekt, nachdem die Moleküle der Ausgangssubstanz längst durch Verdünnung verschwunden sind.

Keine Sorge – dies wird jetzt keine theoretische Abhandlung über die Wirkungen alternativer Medizin. Vielmehr erhalten Sie eine praktische Handlungsanleitung, wie Sie Ihre „Batterien" wieder aufladen können und in Topform bleiben. Dabei sollten Sie natürlich eine Ahnung davon haben, wie die auf den folgenden Seiten vorgestellten Heilmethoden funktionieren. Wir müssen unsere gewohnten Vorstellungen nur etwas erweitern, um Raum zu schaffen für aufregende neue Möglichkeiten im wachsenden Feld der Energie-Medizin.

Nachdem wir nun eine Vorstellung von den Prinzipien alternativer Heilverfahren haben, ist es Zeit, die Stimulation einer positiven Energie-Spirale kennen zu lernen.

LINKS: *Regelmäßiges Meditieren hilft dem Geist abzuschalten und verbessert die Konzentration.*

RECHTS: *Yoga ist weit verbreitet. Es lotet die Energiezustände aus und stärkt den Körper.*

EINE POSITIVE ENERGIESPIRALE SCHAFFEN

Wenn Sie sich erst einmal in einer negativen Energiespirale befinden, halten Sie es kaum für möglich, sich daraus zu befreien (siehe die Einzelheiten auf S. 15–16). Doch oft ist es nur ein Schritt zur positiven Energie – man muss nur wissen, wo und wie der negative Verhaltenskreislauf durchbrochen werden kann, in dem man gefangen ist. Die meisten haben die besten Absichten, wenn es um regelmäßiges Üben, vernünftige Ernährung und gesunden Schlaf geht. Wenn Ihnen aber der nötige Anstoß für den Anfang fehlt, führen Sie Ihr Leben wahrscheinlich wie gewohnt weiter. Vielleicht entwickeln Sie ein schlechtes Gewissen, weil Sie nicht an sich arbeiten und die Probleme lösen, die mit der negativen Energiespirale zusammenhängen, in der Sie sich immer weiter verfangen.

Eine der effektivsten Möglichkeiten bietet die Teilnahme an einem Kurs zu alternativen und ergänzenden Therapien. Die Heilverfahren, die auf den Seiten 21–31 beschrieben sind, stärken die Selbstheilkräfte Ihres Körpers. In der Folge verbessert sich auch Ihr Energiezustand erheblich. Wenn eine Behandlung Erfolg hat, führt die Zunahme der geistigen, emotionalen und körperlichen Vitalität Sie schließlich in die richtige Richtung.

OBEN: *Schwimmen kräftigt die Muskeln, und trägt zum allgemeinen Wohlbefinden bei.*

Wenn Sie das Beste aus diesem Energieschub machen, werden Sie feststellen, dass Sie sich gesünder ernähren und auf Fast Food gerne verzichten, wie Sie es sich vielleicht schon seit Monaten vergeblich vorgenommen hatten. Sie schlagen zwei Fliegen mit einer Klappe: Positive Schritte in Richtung profunde Gesundheit helfen auch Ihrem psychischen Wohlbefinden und Ihre gesundheitsbewusste Ernährung verstärkt weiter Ihre Energien.

Wenn sich diese positive Energiespirale nun weiter dreht, sind Sie bereit, an Ihrer körperlichen Fitness zu arbeiten. Durch gesündere Ernährung verlieren Sie überflüssige Pfunde. Das ermutigt Sie wiederum, sich mehr zu bewegen und Ihren

Körper zu trainieren. Regelmäßiges Üben hat eine Auswirkung auf die Stoffwechselkreisläufe unseres Körpers, wodurch gleichzeitig ein psychologischer Effekt eintritt: Sie entwickeln mehr Vertrauen in Ihren Körper. Es ist längst bekannt, dass rhythmische Aerobic-Übungen den Körper zur Ausschüttung von Endorphinen veranlassen. Dieser natürliche chemische Stoff wirkt auf Ihr Gehirn, indem er ein positives, ruhiges und kraftvolles Gefühl vermittelt.

Wenn Sie soweit sind, befinden Sie sich in der Lage, um einige Bereiche Ihres Lebens anzugehen, mit denen Sie unzufrieden sind, in einem Zustand negativer Energie aber nicht klar kommen. Sie bringen Ordnung in Ihre Finanzen, verbessern Ihre berufliche Lage, bemühen sich um etwas, das Sie schon lange erreichen wollten, bekämpfen Ihren Alkoholmissbrauch, verzichten auf Drogen wie Schlafmittel oder Tranquilizer, bringen positive Energie in eine Beziehung, die Sie wieder vertiefen möchten, erkennen, wann man eine Beziehung beenden muss – und finden auch den Mut dazu. Wenn Sie erst einmal genug Energie haben, um dies alles positiv anzugehen, fühlen Sie sich wie befreit und voll neuer Kraft.

Kurz: Sobald Sie den Höhepunkt Ihrer Erfahrung mit einer positiven Energiespirale erreicht haben, fühlen Sie sich lebendiger als je zuvor. Doch ist dies kein mystischer Zustand eines Nirvana, in dem Sie erleuchtet werden und auf einer magischen Wolke entschweben. Das Leben bietet Ihnen immer wieder neue Überraschungen, doch wenn Sie einmal die Grundlagen für einen handhabbaren Plan zur schnellen Regenerierung gelegt haben, bewältigen Sie alle Krisen effektiver und schneller. Umgekehrt gilt aber auch: Wenn Sie sich in einem negativen Energiekreislauf befinden, sehen Sie vielleicht keinen Ausweg aus einer Krisensituation.

URSACHEN UND FOLGEN EINER NEGATIVEN ENERGIESPIRALE

So, wie eine aufwärts gerichtete Energiespirale einen kumulativen Effekt hat, kann sich eine negative Energiespirale oft aus vermeintlich nebensächlichen Ursachen entwickeln. Am Anfang könnte eine unbewältigte Stresssituation stehen; zum Beispiel eine Viruserkrankung wie eine Grippe, die Sie nicht auskuriert haben, bevor Sie wieder an Ihre Arbeitsstelle zurückgekehrt sind. Es könnte auch ein emotionales Trauma infolge eines Trauerfalls oder einer zerbrochenen Beziehung sein. Auch finanzielle Probleme, eine unerwartete berufliche Verschlechterung, Stress bei der Arbeit, eine schwierige Schwangerschaft oder ein Baby, das Sie nachts nicht zur Ruhe kommen lässt, können Gründe sein.

Die Folgen all dieser Situationen können mit entsprechenden Mitteln bewältigt werden und Sie wieder auf die Beine bringen. Doch wenn das Falsche zum falschen Zeitpunkt getan wird, können Sie in eine Falle geraten. Sie könnten sich beispielsweise mit zuviel Koffein aufputschen, um durch den Tag zu kommen, oder sich mit Alkohol und Schlaftabletten die nötige Bettschwere verschaffen. Wenn Sie sich dazu auch noch falsch ernähren und hastig essen anstatt gesundes Essen langsam zu genießen, sind Sie auf dem besten Weg zu geistiger, emotionaler und körperlicher Erschöpfung. Wenn Sie erst einmal soweit sind, werden Ihre Arbeitsleistung, Konzentrationsfähigkeit und Motivation nachlassen – und schließlich leidet auch Ihr Privatleben darunter.

Dies kann zu einer verhängnisvollen Mischung aus Schuldgefühlen, Depression, Resignation und Angst führen – alles kräftezehrende negative Gefühle. Wenn Sie sich in Alkohol, Zigaretten und Medikamente flüchten, ohne durch eine Therapie die Probleme anzugehen, wird es immer schlimmer. In diesem Stadium sind Motivation, Energie und Tatkraft, die für die körperliche Fitness notwendig sind, am Nullpunkt angekommen.

Wenn diese negative Situation lange genug andauert, kommen Sie wahrscheinlich in eine Phase chronischer Erschöpfung oder eines geistigen, emotionalen und körperlichen Burnout. Sie schlafen schlecht, Ihre Energie, emotionale Ausgeglichenheit, Verdauung, Verantwortungsbewusstsein und geistige Klarheit sind gestört. Hier kann sich eine alternative Therapie als Lebensretter erweisen.

Diese Behandlung kann der Katalysator sein, mit dem Sie die negative Energiespirale durchbrechen. Am Anfang gibt sie Ihnen vielleicht nur den Anstoß, sich über Ihre Lage klar zu werden. Das hat bereits eine heilende Wirkung. Wenn dies noch durch individuell abgestimmte alternative Heilmittel ergänzt wird, bekommen Sie schon die erste Kraft zu kleinen Schritten aus Ihrer Lage hinaus. Hier kann nun eine positive Energiespirale entstehen. Sobald Sie die ersten positiven Änderungen Ihrer Lebensweise umsetzen, verringert sich Ihre Abhängigkeit von der gewählten alternativen Therapie.

LINKS: *Positive Energie hilft in jedem Alter! Wer sich emotional ausgeglichen und körperlich und geistig fit fühlt, hat einfach mehr Freude am Leben – egal wie alt man ist.*

IMMER MÜDE – EIN ALLTAGS-SZENARIO

Die meisten von uns erleben den Abbau ihrer positiven Energien nicht so dramatisch wie im vorangegangenen Szenario beschrieben. Meistens sind wir von einem völligen Burnout weit entfernt, doch ebenso weit entfernt von unserer eigentlichen geistigen, emotionalen und körperlichen Vitalität. Oft wird der Zustand als ein allgemeines Unwohlsein empfunden. Man hat einen praktischen Arzt konsultiert und eine Diagnose erhalten. Wenn nicht offensichtliche Defizite wie Eisenmangel, Schilddrüsenunterfunktion oder Drüsenfieber vorliegen, ist man erste einmal erleichtert.

Doch dann kommt der Schreck: Wenn ich trotzdem immer müde bin, was ist dann mit mir los? Dies kann eine recht alarmierende Erfahrung sein. Wenn es für die ständige Müdigkeit keine offensichtliche Erklärung gibt, ist man unsicher, wie man reagieren soll. Wenn es eine Erklärung gibt, fühlt man sich erleichtert. Sobald das Problem nämlich erkannt ist, ist der Weg frei für Lösungsvorschläge und konkrete Massnahmen können ergriffen werden.

Falls Sie sich generell unmotiviert fühlen, stehen die Aussichten gut, mit den hier vorgestellten Techniken neuen Schwung zu bekommen und wieder neue Vitalität zu entwickeln. Eine allgemeine leichte Ermüdungserscheinung kann ebenfalls gut selbst therapiert werden. Sie können dieses Buch in jeder Hinsicht als Wegweiser verwenden oder nur Ihre ganz persönlichen Problembereiche wie z.B. Ernährung oder körperliche Fitness angehen – was Sie schon immer tun wollten, wozu Sie sich aber bisher nicht aufraffen konnten.

Wenn Sie das nächste Kapitel lesen, das Ihnen bei der Analyse Ihrer geistigen, emotionalen und körperlichen Vitalität helfen soll, zeigt sich vielleicht ein konkretes Problem. Selbst wenn sich zeigt, dass Sie zu wenig körperliche und psychische Energie haben, um die Probleme in Selbsthilfe anzugehen, verlieren Sie nicht die Hoffnung! Die Aussichten sind gut, dass ein professioneller alternativer Therapeut Sie auf dem Weg zum Wohlbefinden erfolgreich unterstützt.

Stellen Sie Ihren derzeitigen Energiezustand fest

Bevor Sie einen Plan zur Stärkung Ihrer Energie umsetzen, müssen Sie Ihren derzeitigen Zustand kennen. Beantworten Sie die folgenden Fragen und kreuzen Sie die zutreffenden Antworten an.

Wie fühlen Sie sich körperlich beim Aufwachen?

a Erfrischt und bereit für den Tag
b Etwas schwerfällig, aber in Ordnung, sobald Sie aufgestanden sind
c Benommen, als ob Sie noch drei oder vier Stunden Schlaf benötigten

Wie würden Sie Ihren Schlaf charakterisieren?

a Allgemein gesund und ohne Unterbrechungen
b Meist ganz in Ordnung, aber nach einem stressigen Tag weniger erholsam
c Fast immer unregelmäßig mit Neigung zu frühem Aufwachen

Wie fühlen Sie sich geistig beim Aufwachen?

a Geistig und emotional entspannt
b Etwas angespannt, aber nach dem Aufstehen in Ordnung
c Ängstlich und/oder trübsinnig

Mit wie viel Schwung gehen Sie an die geistigen Anforderungen eines Tages?

a Mit mehr als genug
b An guten Tagen mit viel Energie, doch bei zunehmendem Druck lässt der Schwung nach
c Mit sehr wenig

Nicken Sie ein, wenn es um Sie herum einmal ruhig zugeht?

a Nie
b Manchmal
c Oft

UNTEN: *Wer frisch und voller Energie ist, meistert alle Hindernisse, die einem das Leben in den Weg stellt.*

Benötigen Sie Kaffee, Tee, aufputschende Softdrinks und/oder Schokolade, um fit zu bleiben?

a Fast nie
b In kleinen Mengen und nur, wenn es hektisch zugeht
c Jeden Tag

Sind Sie von Alkohol, Medikamenten und/oder Zigaretten abhängig, um abzuschalten?

a Fast nie
b Nur unter bestimmten Umständen und sehr selten
c Täglich

Warum nehmen Sie eine Mahlzeit zu sich?

a Weil Sie richtigen Hunger haben
b Manchmal nur aus Gewohnheit
c Nur so, aus Langeweile oder reiner Erschöpfung

Wie reagieren Sie, wenn Sie für den Abend eingeladen werden?

a Sie überlegen schnell, ob Sie Zeit haben, und nehmen dann gern an
b Am liebsten hätten Sie eine Entschuldigung, aber dann gehen Sie doch und haben Ihren Spaß
c Sie lehnen sofort ab, obwohl Sie Zeit hätten, weil Sie einfach keine Lust haben

Wie reagieren Sie, wenn Sie sich vor eine unerwartete Herausforderung gestellt sehen (z.B. knapper Termin oder eine unverhoffte Änderung der Arbeitspläne oder die Notwendigkeit, etwas spontan zu organisieren)?

a Zunächst haut es Sie um, doch dann stellen Sie sich schnell und effektiv der Herausforderung
b Sie würden lieber die Situation vermeiden, aber Sie bewältigen sie, wenn Sie müssen
c Sie fühlen sich wie gelähmt und unfähig

Wie oft haben Sie eine Erkältung oder andere leichte Erkrankungen?

a Höchstens einmal im Jahr
b Etwa zweimal im Jahr
c Eine zieht die nächste leichte Erkrankung nach sich

OBEN: *Gesunde Energielevels sind wichtig.*

Wie bewerten Sie Ihr Liebesleben?

a Schwungvoll und ausgeglichen
b Ganz in Ordnung, außer, wenn Sie unter zu viel Druck stehen
c Platt wie ein Pfannekuchen – Sie würden viel lieber einen Schnaps trinken

Wie oft bemerken Sie, dass Ihre Drüsen an Hals, Achselhöhlen oder Leisten geschwollen oder empfindlich sind?

a Nie
b Nur bei einer Erkältung oder Grippe
c Oft

Wie oft haben Sie Probleme mit der Haut wie z.B. Flecken, Herpes, Bläschen, unerklärlichen Ausschlag oder Geschwüre?

a Nie
b Nur nach einer Periode zu großer Belastung
c Zu oft

Wenn Sie meist a) angekreuzt haben:
Gratulation! Sie brauchen dieses Buch nur aus allgemeinem Interesse zu lesen. Sie verfügen über viel Energie, sind gesund und widerstandsfähig. Wenn Sie irgend einen Aspekt noch verbessern möchten, können Sie direkt zu den für Sie interessanten Kapiteln springen. Andererseits sind Sie ein motivierter Mensch, der jede neue Idee zur Erhaltung der Gesundheit kennen lernen möchte und daher doch das ganze Buch lesen will.

Wenn Sie meist b) angekreuzt haben:
Im Allgemeinen ist Ihr Energiezustand in Ordnung, aber er unterliegt Höhen und Tiefen, je nach Stress und Druck, unter dem Sie jeweils stehen. Hier sollten Sie ansetzen, damit Sie nicht in die beschriebene negative Energiespirale geraten. Doch können Sie sich mit diesem Buch wirksam selbst helfen, da Sie von einer guten Basis ausgehen. Keine Sorge: Hier türmen sich keine Probleme für Sie auf!

Wenn Sie meist c) angekreuzt haben:
Verzweifeln Sie nicht, auch Ihnen kann geholfen werden! Wahrscheinlich fühlen Sie sich meist schlapp und unmotiviert, doch mit gezielten Maßnahmen schaffen Sie die ersten Schritte zu besserer Gesundheit und erhöhter Vitalität. Beginnen Sie langsam, aber regelmäßig und versuchen Sie nicht alle Ratschläge auf einmal zu befolgen. Es ist sicher ratsamer, erst einmal einen Kurs über alternative Therapien zu belegen. Sie können dann selbst an sich weiter arbeiten, sobald Sie spüren, dass die professionelle Hilfe erste positive Ergebnisse zeigt. Denken Sie immer daran, dass es besser ist, kleine, aufeinander folgende Schritte zu unternehmen, als sich einer Schockbehandlung zu unterwerfen. Wenn Sie alles langsam angehen, gewinnen Sie bald eine solide Grundlage, auf der Sie Ihre vitalen Energien aufbauen können – vielleicht besser als erwartet.

UNTEN: *Jeder hat die Fähigkeit, Energie zu tanken und seinen Elan zu bewahren – auch wenn es momentan vielleicht gar nicht so aussieht.*

DIE WICHTIGSTEN ARTEN DER ENERGIE-MEDIZIN

Dies soll keine vollständige Aufzählung aller alternativen Heilmethoden sein. Die Auswahl ist ungemein groß, doch sind die hier vorgestellten Therapien gut fundiert und am weitesten verbreitet. Sie alle eignen sich hervorragend, wenn Sie sich ausgepowert fühlen und einen Anstoß benötigen, um wieder in Schwung zu kommen.

AKUPUNKTUR

Akupunktur ist ein integrierter Bestandteil der traditionellen chinesischen Heilkunst (die auch Kräuterheilverfahren und Qigong umfasst). Sie wird schon seit alters her praktiziert und ist fest in der alternativen Medizin verwurzelt. Vermutlich wurde sie in China vor über 5000 Jahren entwickelt.

Der Akupunkteur geht von der Annahme aus, dass die Gesundheit beeinträchtigt wird, wenn der Fluss vitaler Energien – das *Chi* – aus dem Gleichgewicht gerät. Wenn diese Energie sanft und harmonisch strömt, bedeutet das optimale geistige, emotionale und körperliche Gesundheit. Wird dieser Fluss für längere Zeit gestört, warnt uns der Körper durch bestimmte Symptome, dass etwas nicht in Ordnung ist.

Der Akupunkteur kann die Störung dieses Energieflusses beseitigen, indem er sehr feine Nadeln an ganz bestimmten Punkten auf der Hautoberfläche über den ganzen Körper verteilt einsticht. Welche Punkte dies sind, hängt von den individuellen Symptomen des Patienten ab, denn die Akupunktur sieht wie andere ganzheitliche Heilverfahren jeden Menschen als einzigartig an.

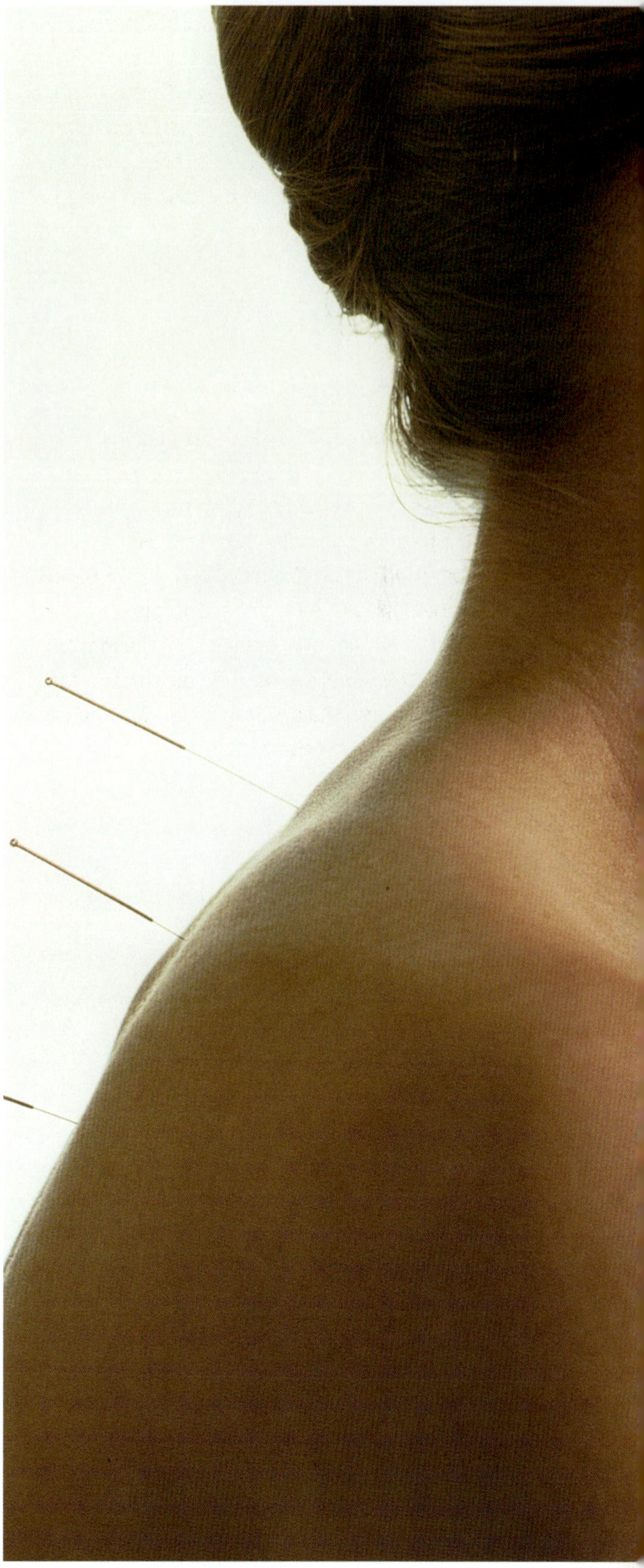

RECHTS: *Die ersten Akupunkturnadeln waren vermutlich aus Silber, Kupfer, Bambus oder Gold. Heute verwendet der Akupunkteur ganz feine Nadeln aus Edelstahl mit Kupferspitzen.*

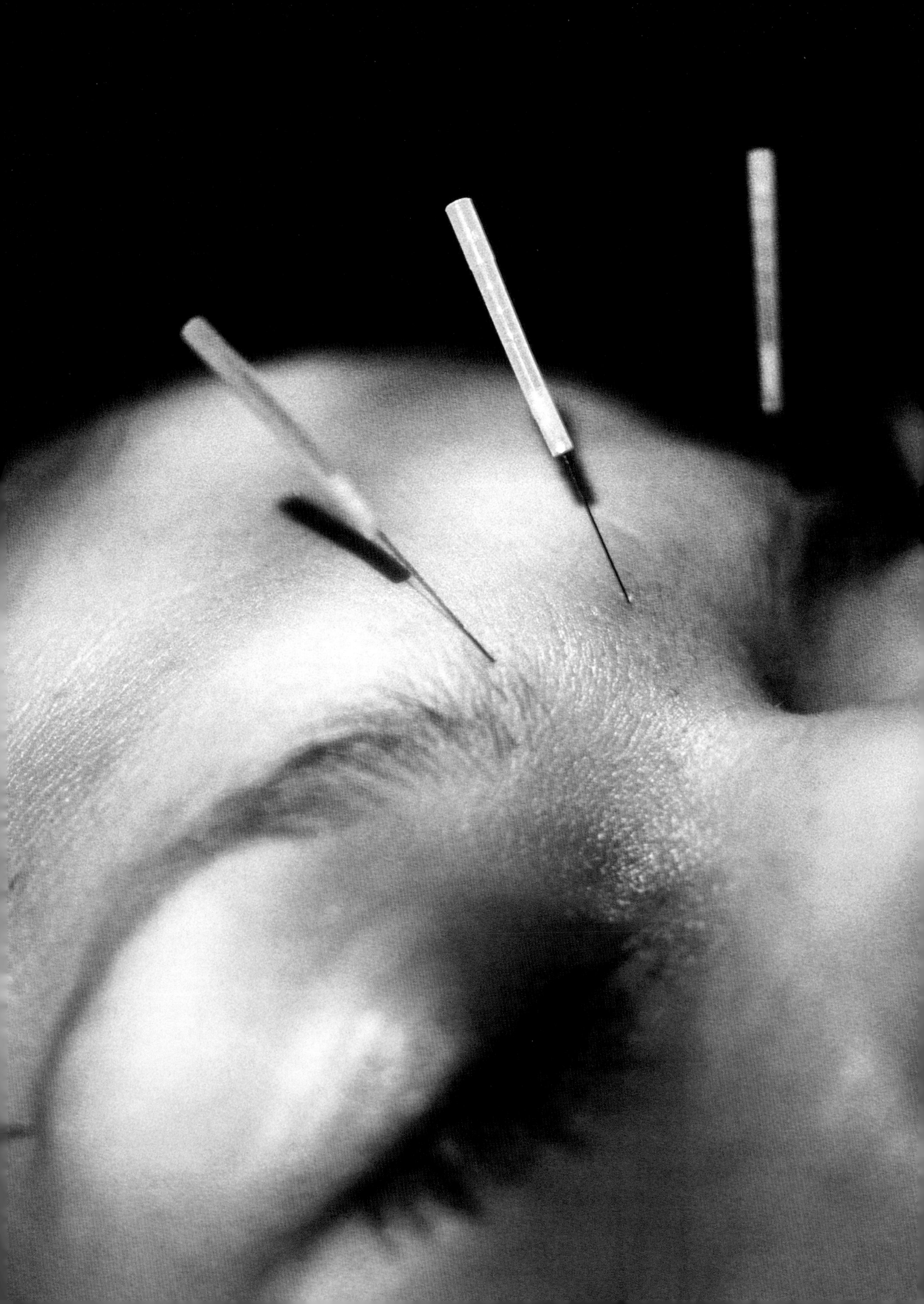

Falls Sie bereits einmal einen Akupunkteur konsultiert haben, kennen Sie sicher die Darstellung des Körpers, auf der die Akupunkturpunkte und -meridiane verzeichnet sind. Bei diesem handelt es sich um imaginäre Haupt- und Nebenlinien, die sich über den gesamten Körper erstrecken. Es gibt etwa 35 Hauptlinien, die über die Oberfläche von Armen, Beinen, Rumpf und Kopf verlaufen.

Die Meridiane spielen eine wichtige Rolle in der Akupunktur, denn hier strömt das Chi entlang. Daher müssen die Akupunkturnadeln an bestimmten Stellen auf diesen Meridianen gesetzt werden, wodurch die Selbstheilungskräfte des Körpers angeregt werden. Es gibt 365 Akupunktur-Punkte auf diesen Meridianen, die in Verbindung zu den wichtigsten Organen stehen. Sie sehen: Es geht wieder darum, vitale Heilenergien zu stimulieren.

Der Arztbesuch

Der Arzt beobachtet zunächst genau den Patienten und erfragt seine Krankengeschichte. Besonderes Augenmerk legt er den Puls und das Aussehen der Zunge, denn Störungen äußern sich in anormaler Zungenfärbung und in einem schwachen oder schnellen Pulsschlag.

Sobald das Krankheitsbild geklärt und eine Diagnose gestellt ist, beginnt der Akupunkteur mit dem Einstechen einer bestimmten Zahl Nadeln an den entsprechenden Stellen. Das ist gar nicht so schlimm, wie es sich anhört. Nach einem winzigen Pieks spüren Sie gar nichts mehr. Die Nadeln bleiben bis zu 30 Minuten in der Haut, wobei der Arzt entscheidet, welche leicht gedreht werden müssen, um eine zusätzliche Wirkung auf den Energiefluss zu erzielen.

Die Empfindungen während der Behandlung sind individuell verschieden. Meist verspürt man ein leichtes Prickeln oder Wärme entlang des behandelten Meridians. Nach der Sitzung werden die Nadeln entfernt. Sie spüren weder Schmerz noch blutet es. Nach der Behandlung sollten Sie einige Stunden entspannen, um die Wirkung zu verstärken. Gehen Sie also nicht schwimmen oder joggen und essen Sie nicht zuviel.

Da Akupunktur eine ganzheitliche Heilmethode ist, die gesundheitlichen Störungen auf den Grund geht, wird Ihnen der Arzt sicher Ratschläge erteilen, was Sie an Ihrer Lebensweise ändern sollten, um den größten Nutzen aus der Behandlung zu ziehen. Dieser Rat ist auf Sie ganz persönlich zugeschnitten und kann die Ernährung ebenso umfassen wie Entspannungsübungen. Hat die Behandlung Erfolg, so kommt Ihr energetischer Zustand wieder ins Gleichgewicht. Sie verfügen über genug Vitalität für den ganzen Tag und haben einen erholsamen Schlaf.

LINKS: *Akupunktur stimuliert den ausgeglichenen Energiefluss durch den Körper.*

Wann hift Akupunktur ?

Wie andere alternative Therapien sieht die Akupunktur den Patienten ganzheitlich – nicht nur einen Krankheitsaspekt. Trotzdem ist es hilfreich zu wissen, welche Probleme hiermit am besten zu behandeln sind. Dazu gehören:

- Häufige Infektionen
- Unerklärbare Müdigkeit
- Verringerte Libido
- Allergien (Heuschnupfen)
- Beklemmung
- Rückenschmerzen
- Depressionen
- Hautprobleme
- Stresskopfschmerzen
- Migräne
- Schlafstörungen

AYURVEDA

Ayurveda ist eine ganzheitliche Heilmethode, die seit Hunderten von Jahren in Indien und Sri Lanka praktiziert wird und bei uns immer mehr Verbreitung findet. Dies ist der allgemeinen Sensibilisierung für alternative Therapien in den letzten 20 Jahren und der Aufklärung über Ayurveda durch anerkannte Praktiker wie Deepak Chopra und Bharti Vyas zu verdanken.

Aus ayurvedischer Sicht besitzt jeder von uns eine geistige, emotionale und körperliche Konstitution, die auf einer Kombination von drei Grund-*Doshas* basiert: *Vata*, *Pitta* und *Kapha*. Was bedeutet das? *Dosha* lässt sich am ehesten übersetzen mit Vitalenergie. Wenn sich unsere Doshas in gesundem Gleichgewicht befinden, sind wir gesund und geistig, emotional und körperlich ausgeglichen. Sobald über einen längeren Zeitraum hinweg ein Ungleichgewicht entsteht, äußerst sich dies in Krankheitssymptomen.

Ayurveda-Ärzte gehen davon aus, dass die grundlegende Ausgewogenheit der Doshas in jedem Menschen bereits im Mutterleib entsteht. Wir erben von unseren Eltern diese Eigenschaften, die sich bei der Zeugung vereinten. Dies begründet unsere physische und geistige Konstitution. Natürlich spielen auch andere Einflüsse eine Rolle beim Gleichgewicht der individuellen Doshas: unsere Ernährungsweise, die Art, wie wir Stresssituationen meistern, wie wir uns fit halten etc. Wenn wir eine kluge Wahl treffen, optimieren wir unsere körperliche Verfassung und stärken unsere Schwachpunkte. Leider gilt auch das Gegenteil. Zu viele negative geistige, emotionale und körperliche Einflüsse führen letztendlich zu einer Schwächung unserer Konstitution.

Das Gleichgewicht zwischen den Doshas ist von Natur aus fließend und dynamisch und ändert sich häufig, je nach den Umwelteinflüssen, denen wir zu einem bestimmten Zeitpunkt ausgesetzt sind.

Die drei Doshas

Für den Ayurveda-Arzt ist das Gleichgewicht zwischen den drei Doshas von grundlegender Bedeutung, denn die Doshas unterstützen alle Prozesse, die unsere geistige, emotionale und körperliche Gesundheit beeinflussen. Daher äußert sich dieses Gleichgewicht in unserem Körper auch rein optisch im Aussehen, im Zustand unseres Immunsystems und den Energieflüssen und ist somit unsere individuelle Eigenschaft.

DAS VATA-PROFIL

Die Haupteigenschaften des Vata-Dosha sind Unruhe und Unbeständigkeit.

Energiemuster: Ausbrüche von extrem hoher Vitalität, die plötzlich verpuffen.

Geistige und emotionale Eigenschaften: Charakteristisch ist eine bemerkens-werte Kreativität mit der Ten-denz, sich schnell von neuen Ideen ablenken zu lassen. Wenn Enthusiasmus aufkommt, dann gleich extrem. Nervöse Erschöpfung ist bei diesem Typus eine ständige Gefahr.

LINKS: *Vata-Typen können sehr kreativ sein.*

Physische Eigenschaften: Magerer Körper mit einer Tendenz zu langen Gliedmaßen und einem länglichen Gesicht.

Allgemeine Symptome oder Indikatoren:

- Unregelmäßige, ständig schwankende emotionale, geistige und körperliche Energiezustände
- Ängstlichkeit und Unsicherheit
- Schlechtes Langzeitgedächtnis und allgemeine Unfähigkeit, sich auf die anfallenden Dinge zu konzentrieren
- Unruhiger, schlechter Schlaf
- Instabile Libido als Folge der stark schwankenden Energiezustände
- Verstopfung und andere Probleme, die mit Austrocknung zusammenhängen, wie z.B. Kopfschmerzen und trockene Haut

Erschwerende Faktoren:

- Schlafmangel
- Größerer geistiger und emotionaler Stress
- Unterdrückung von Beklemmungszuständen und Sorgen
- Zu viel Fast Food und Alkohol
- Zu wenig Organisation und Routine
- Zu wenig Bewegung
- Unregelmäßiges Essen
- Zu viele Aufputschmittel (z.B. Kaffee und koffeinhaltige Softdrinks)
- Vernachlässigung der Hautpflege
- Jahreszeitenwechsel von Sommer zu Herbst und Herbst zu Winter

DAS KAPHA-PROFIL

Dieses Dosha kann als solide, robust und beständig charakterisiert werden.

Energiemuster: Langsam mit einer Tendenz zu Lethargie und Müdigkeit.

Geistige und emotionale Eigenschaften: Zuverlässigkeit und emotionale Ausgeglichenheit. Wenn das Dosha im optimalen Gleichgewicht ist, zeigt sich ein fürsorglicher, ruhiger und zufriedener Charakter. Nachteilig ist die Tendenz zur Trägheit und die Abneigung, neue Herausforderungen oder Gelegenheiten anzupacken.

Physische Eigenschaften: Es besteht eine Neigung zu langsamem Stoffwechsel und schneller Gewichtszunahme. Die Haut des Kapha-Typus erscheint glänzend und fühlt sich kalt an.

Allgemeine Symptome oder Indikatoren:

- Mangel an Flexibilität
- Mangel an Elan
- Abneigung gegen Neues
- Starrsinn
- Ständiges Frösteln
- Schwache Libido mit wenig sexuellem Schwung
- Träge Verdauung mit Störungen und/oder Verstopfung

Erschwerende Faktoren:

- Langeweile und zu wenig Anregung
- Störungen von Selbstachtung und Selbstvertrauen (z.B. zerbrochene Beziehung oder Arbeitslosigkeit)
- Soziale Isolation
- Zu viel essen aus Bequemlichkeit oder Kompensation
- Sitzende Lebensweise
- Zu viel Schlaf
- Auskühlung
- Schlafmittel oder Tranquilizer
- Zu viel Fett (Milchprodukte oder Gebratenes), Süßigkeiten oder rotes Fleisch
- Jahreszeitenwechsel zum Winter oder Frühling

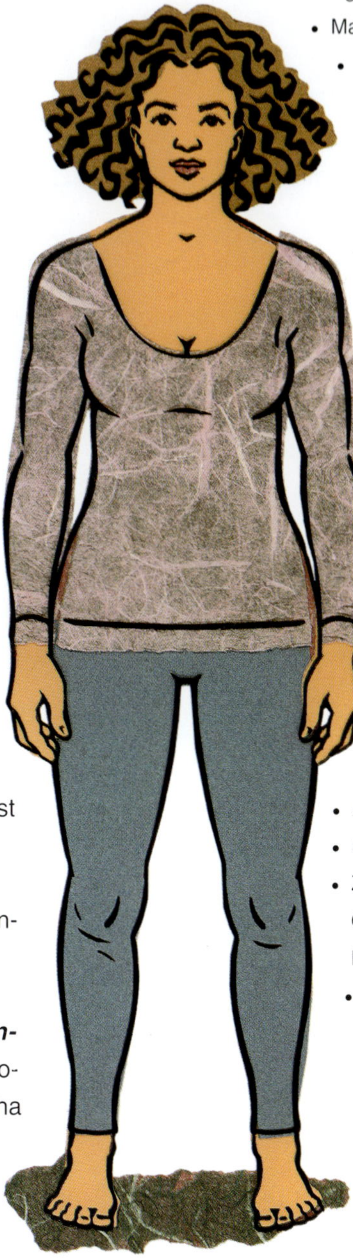

LINKS: *Kapha-Typen sind oft sehr zielstrebig.*

DAS PITTA-PROFIL

Die Haupteigenschaften des Pitta-Dosha sind Neigung zu Reizbarkeit und Leidenschaft.

Energiemuster: Wenn dieses Dosha ausgeglichen ist, ist der Betreffende sehr konzentriert und voller Energie und hat einen starken Willen, der ihm hilft, seine Ziele zu erreichen.

Geistige und emotionale Eigenschaften: Typisch sind ein hohes Selbstvertrauen, Enthusiasmus und Ehrgeiz. Das Gehirn kann Informationen schnell und präzise verarbeiten.

Physische Eigenschaften: Helle, empfindliche Haut, die vor Sonne geschützt werden muss und zu Ausschlägen neigt. Die Körperform ist wohl proportioniert.

Allgemeine Symptome:

- Trotz guter Energiereserven besteht das Risiko von Erschöpfung bei länger andauerndem, schwer zu bewältigendem Stress.
- Aufbrausendes Temperament mit Reizbarkeit und Wutausbrüchen. Dies kann zu vorschnellen und unklugen Entscheidungen führen.
- Schweißausbrüche bei Stress
- Stressbedingter Durchfall

Erschwerende Faktoren:

- Unterdrückter Ärger
- Geistige, emotionale und körperliche Erschöpfung
- Zu starke Erhitzung
- Unregelmäßiges Essen
- Zu viel rotes Fleisch oder stark gewürztes, salziges Essen
- Wiederholte Einnahme von Antibiotika
- Jahreszeitenwechsel von Frühling zu Sommer

Die gesunde Balance der Doshas

Nach der Lehre des Ayurveda sind in jedem von uns die drei Doshas in jeweils unterschiedlichem Verhältnis vorhanden. Deshalb haben Sie wahrscheinlich Elemente aller drei Doshas bei sich wiedererkannt. Wenn wir völlig gesund sind, befinden sich diese Eigenschaften im Gleichgewicht.

Wenn wir jedoch in Stress geraten, stellen wir fest, dass die negativen Eigenschaften eines oder auch zweier Doshas zunehmen. Dann ist der Zeitpunkt gekommen, etwas für unser gesundes Gleichgewicht zu tun.

Zu Beginn sollten Sie sich noch einmal die oben genannten Faktoren ansehen. Welcher verstärkt die Eigenschaft eines Dosha? Wenn Sie z.B. wissen, dass Sie unter Stress zu einem dominanten Kapha tendieren, wäre es vernünftig, weniger fett zu essen, sich mehr zu bewegen und stimulierende Übungen zu machen. Wenn unter Stress eher Pitta und Vata dominieren, sollten Sie Ihre Lebensweise ändern, um ruhiger und ausgeglichener zu werden und so das Beste aus Ihrem Energiepotenzial zu machen.

Denken Sie immer daran, dass Sie diese Informationen nicht zu eng sehen sollten. Es macht wenig Sinn, die Listen buchstabengetreu abzuarbeiten, wenn Sie aus dem Gleichgewicht geraten. Nehmen Sie sie als Anregung und eine Verständnishilfe, wie Ihre geis-

LINKS: *Pitta-Typen sind extrovertiert, gesellig und leidenschaftlich.*

OBEN: *Ausgewogene Doshas bedeuten Vitalität*

tigen, emotionalen und körperlichen Energien abnehmen und wieder durch den Körper strömen können.

Der Arztbesuch

Es ist oft sinnvoll, einen qualifizierten Ayurveda-Praktiker zu Rate zu ziehen. Wie die traditionellen chinesischen Heiler nehmen auch Ayurveda-Ärzte bei der ersten Konsultation eine gründliche Untersuchung an Ihnen vor. Oft verschreiben sie Kräutermedizin, geben Ratschläge zur Ernährung, zu regelmäßigem Sport, verordnen Massagen, Entspannungstechniken oder Dampfbäder. Auch diese Heilkunst zielt darauf ab, optimale Gesundheit in geistiger, emotionaler und körperlicher Hinsicht zu erreichen. In der nachfolgenden Aufstellung wie auch in den vorangegangenen Informationen finden Sie einige Krankheitsbilder, die sich sehr gut durch Ayurveda behandeln lassen.

Wann hilft Ayurveda?

Ayurveda ist ebenfalls eine ganzheitliche Heilmethode, die den ganzen Menschen und nicht einzelne Krankheitssymptome betrachtet. Sie müssen gar nicht einmal krank sein, um einen Ayurveda-Arzt zu konsultieren, denn diese Heilkunde besitzt ein großes vorbeugendes Potenzial. Als besonders wirksam erweist sich Ayurveda bei folgenden chronischen Erkrankungen:

- Hautprobleme (z.B. Ekzeme und Schuppenflechte)
- Schlafstörungen
- Verdauungsbeschwerden
- Stressbedingte Probleme
- Angst und Depressionen
- Prämenstruelles Syndrom
- Migräne
- Arthritis
- Asthma und Bronchitis
- Blasenentzündung
- Heuschnupfen

HOMÖOPATHIE

Eine der populärsten und bewährtesten alternativen Heilmethoden ist die Homöopathie. Sie wird schon seit etwa 200 Jahren praktiziert. Das System basiert auf dem Prinzip, dass Gleiches mit Gleichem kuriert werden muss. Die Medikamente haben die Form winziger Kügelchen. Man kann kleinere Beschwerden von verstimmtem Magen über Verstauchungen bis zu physischen und emotionalen Schocks selbst behandeln. Ein qualifizierter Arzt kuriert so eine ganze Reihe chronischer Erkrankungen. Auch auf vorbeugender Basis empfiehlt sich der Einsatz, besonders solange man sich noch nicht richtig krank fühlt, aber glaubt, man benötige einen Energieschub.

Patienten in jedem Alter können behandelt werden, und solange keine physische Ursache zugrunde liegt (z.B. ein Bandscheibenvorfall oder irreversibel verändertes Gewebe), tritt immer eine gewisse Besserung ein. Besonders geeignet ist die Homöopathie bei den auf Seite 31 aufgezählten Beschwerden.

Der Arztbesuch

Zunächst fällt die Dauer der ersten homöopathischen Sitzung auf: 60 bis 90 Minuten. In dieser Zeit macht sich der Heilpraktiker ein genaues Bild über Ihren Gesundheitszustand. Vielleicht kommen Ihnen einige Fragen, die der Homöopath stellt, etwas zu tiefgehend und detailliert vor, besonders wenn Sie die 10-Minuten-Konsultationen beim praktischen Arzt gewöhnt sind.

Sobald der Heilpraktiker sich ein Bild von Ihnen gemacht hat, versucht er, auf Ihre Krankheitssymptome abgestimmte homöopathische Medikamente zu finden (das kann auch nur ein einziges aus einer ganzen Reihe von Kräuter-, mineralischen oder Pflanzenheilmitteln sein). Stimmt diese Wahl, verbessern sich nicht nur die Krankheitssymptome, sondern auch Ihr emotionaler, geistiger und physischer Energiezustand. Die Patienten sind oft begeistert, wie sich zugleich mit Ekzemen, Kopfschmerzen, Entzündungen oder Asthma auch das Gesamtbefinden bessert.

Die Form der Medikamente kann sehr unterschiedlich sein: Tabletten, Kügelchen, Pulver, Flüssigkeiten oder Kapseln. Bei einem sehr starken Medikament mit hoher Potenz nimmt man zunächst nur eine Dosis und wartet dann eine Woche ab. Andere, z.B. Flüssigkeiten, werden täglich eingenommen. Der Heilpraktiker prüft die Vitalität des einzelnen Patienten genau und richtet seine Verordnung danach aus.

OBEN: *Eine homöopathische Behandlung verschafft dem Patienten mehr Wohlbefinden.*

LINKS: *Ergänzende natürliche Medikamente fördern die Gesundheit.*

Homöopathische Energieprofile

Heilpraktiker sprechen oft von Typen, die in mancher Hinsicht den ayurvedischen Doshas (vgl. Seiten 24–26) gleichen. Das bedeutet, dass jeder von uns mit bestimmten Charakteristika geboren wird, die die Energiemenge, geistige und emotionale Gesundheit, Körpereigenschaften und unsere Abwehrkräfte bestimmen. Dieser Typus kann sich mit zunehmendem Alter durch veränderten Lebensstil oder durch übermäßigen Stress ändern. Doch ist Ihnen sicher aufgefallen, dass sich bestimmte psychische oder physische Unausgeglichenheiten verstärken, wenn man zu lange nichts dagegen unternommen hat.

Es ließen sich über 20 derartige Typen beschreiben, doch dazu reicht unser Platz nicht aus. Wir wollen uns daher auf die drei wichtigsten homöopathischen Energietypen konzentrieren, die ziemlich genau den ayurvedischen Doshas Vata, Kapha und Pitta entsprechen.

ERSTE HILFE BEI ERSCHÖPFUNG

Sie haben inzwischen sicher gemerkt, dass die beschriebenen Typen immer wiederkehrende Eigenschaften zeigen, und vielleicht festgestellt, welche der beschriebenen Muster auf Sie zutreffen. Aber auch, wenn dies nicht der Fall ist, wird dieses Buch Ihnen helfen, die für Sie geeigneten Mittel und Methoden zu finden.

Falls Sie sich in den Profilen aber wiedererkannt haben – Vata/Phosphor, Pitta/ Brechnuss oder Kapha/Calcium Carbonicum –, können Sie großen Nutzen aus den bereits gegebenen Ratschlägen ziehen. Denken Sie aber daran, dass diese Beschreibungen sehr allgemein gehalten sind, um ein möglichst breites Bild zu vermitteln.

Um diese Informationen zu verwerten, sollten Sie sich darüber klar werden, wie Ihre geistigen, emotionalen und körperlichen Energiezustände an einem normalen Tag zu- und abnehmen. Sie erhalten so eine Vorstellung darüber, wie Ihre Energie mit Ihren Tätigkeiten zusammenhängt, je nach Ihrer Grundkonstitution. Der Sinn dieser Überlegung besteht darin, Ihnen eine Anleitung zu geben, wie Sie Ihre Energien verstärken können.

OBEN: *Erholsamer Schlaf ist unbedingte Voraussetzung für eine gute Gesundheit.*

Erschöpfung am frühen Abend

Dies trifft für den Vata/Phosphor-Typus zu, also für diejenigen von uns, die vielleicht etwas langsam in die Gänge kommen, aber im Lauf des Tages ihre Form erreichen. Bedenklich ist, wenn Sie nach Ihrem Arbeitstag nach Hause kommen und sich plötzlich so fühlen, als hätte jemand Ihre Energiequelle ausgeschaltet. Falls das für Sie eine regelmäßige Erfahrung ist, sollten Sie unbedingt diesen negativen Energiekreislauf durchbrechen.

- Dieser Typus besitzt eine Neigung zu Erschöpfung infolge eines niedrigen Blutzuckerspiegels oder leichter Dehydrierung. Sie sollten tagsüber alle paar Stunden kleine, aber nahrhafte Mahlzeiten zu sich nehmen und darauf achten, über den Tag verteilt sechs große Gläser Wasser trinken. Gewöhnen Sie sich daran, immer eine Flasche Mineralwasser am Arbeitsplatz stehen zu haben.
- Widerstehen Sie der Versuchung, beim Fernsehen zu naschen oder alkoholische Getränke zu sich zu nehmen, denn so verschlimmern Sie das Problem.
- Wenn die Abende im Frühjahr und Sommer länger werden, machen Sie vor dem Abendessen kurze Spaziergänge in der frischen Luft. Gut durchatmen hilft Ihnen weiter, die abendliche Erschöpfungsspirale zu vermeiden.
- An dunklen Winterabenden machen Sie stattdessen 15–20 Minuten Yoga mit Hilfe eines Buchs oder eines

Videos. Damit überwinden Sie sicher Ihre Unlust, an einem langen, dunklen Winterabend noch irgend etwas zu unternehmen.

- Wenn Sie einen Energieschub benötigen, damit Sie z.B. noch ausgehen können, nehmen Sie eine erfrischende Dusche mit einem Duschgel, das Zitronenöl enthält. Wenn Sie zu Hause bleiben und eher etwas Entspannendes tun möchten, nehmen Sie ein vitalisierendes Bad. Das Wasser sollte nicht zu heiß sein, denn das entkräftet Sie eher als dass es Sie stimuliert.

UNTEN: *Wasser kann sowohl aufmuntern als auch entspannen – je nach Bedürfnis.*

Erschöpfung am frühen Morgen

Dieses Energiemuster ist leicht zu erkennen, denn das Aufwachen ist eine kritische Phase für Pitta/Nux Vomica-Typen. Daher sind Ruhe und Frieden in dieser Zeit sehr wichtig. Werden Sie von jemandem gestört, so kann das dieser Person schlecht bekommen. Im Lauf des Tages wird es immer besser, und am Tagesende ist Ihre geistige, emotionale und körperliche Energie auf dem Höhepunkt. Das kann unwillkürlich dazu führen, dass Sie bis in die tiefen Nachtstunden arbeiten. Doch diese Anstrengung führt nur dazu, dass Sie am nächsten Morgen noch schwerer aus dem Bett kommen. Versuchen Sie mit den folgenden Schritte, diesen negativen Kreislauf zu durchbrechen.

- Halten Sie einen regelmäßigen Schlafrhythmus ein, wenn Sie sich am nächsten Morgen nicht kaputt und übermüdet fühlen wollen. Auch wenn Sie es anfangs als unnatürlich empfinden: Gehen Sie immer vor Mitternacht schlafen. Haben Sie sich erst einmal daran gewöhnt, werden Sie feststellen, dass Körper und Geist viel leichter Erholung finden.

- Ergreifen Sie einfache, praktische Maßnahmen, damit Sie im Bett Entspannung finden und müde werden: Hören Sie Ihre – sanfte! – Lieblingsmusik; wenn Sie sich etwas vorlesen lassen möchten, hören Sie ein Hörbuch. Oder trinken Sie eine Tasse warmen beruhigenden Kamillentee oder tropfen Sie ein oder zwei Tropfen einschläferndes Lavendelöl auf Ihr Kopfkissen.

- Lassen Sie sich morgens genug Zeit, um in die Gänge zu kommen. Auch wenn es Ihnen anfangs gegen den Strich geht: Stehen Sie 15 Minuten früher auf, als es eigentlich notwendig wäre. Diese zusätzliche Zeit gibt Ihnen das Gefühl, dass Sie nicht unter Druck stehen, wenn Sie es am wenigsten gebrauchen können. Was Sie mir dieser zusätzlichen Zeit anfangen, bleibt ganz Ihrem Geschmack überlassen: Frühstücken Sie ein wenig länger anstatt auf die Schnelle den Kaffee hinunterzustürzen, duschen Sie etwas länger, meditieren Sie oder sammeln Sie einfach nur Ihre Gedanken – so sind Sie für den kommenden Tag gerüstet.

- Verlassen Sie sich nie auf Schlaftabletten, um nach einen langen Abend abzuschalten. Regelmäßige Einnahme von Schlaftabletten erzeugt nur neue Probleme und lässt Sie am Morgen erst recht gerädert aufwachen und besonders langsam in die Gänge kommen. Wenn Sie für einen gesunden, regelmäßigen Schlaf Hilfe benötigen, versuchen Sie es lieber mit Beruhigungsmitteln auf pflanzlicher Basis. Sie finden damit Entspannung, ohne die negativen Nebenwirkungen von Schlafmitteln in Kauf nehmen zu müssen.

- Widerstehen Sie der Versuchung, am Tag ein Nickerchen zu halten. Dies macht Sie nur desorientiert, bedrückt und trübsinnig anstatt Sie zu kräftigen. Wenn Sie tagsüber längere Zeit schlafen, bekommen Sie abends auch leichter Probleme mit dem Einschlafen.

UNTEN: *Ätherische Öle schaffen eine angenehme, ausgeglichene Atmosphäre.*
LINKS UNTEN: *Lavendel hat entspannende und heilende Eigenschaften.*

Ständige Erschöpfung

Anstatt zu einem bestimmten Zeitpunkt, wenn der Energiezustand abnimmt, ihr Tief zu haben, neigen Kapha/Calcium Carbonicum-Typen eher zu ständiger Müdigkeit und Benommenheit – egal zu welcher Tageszeit. Wenn Sie diese Tendenz bei sich selbst erkennen, sollten Sie unbedingt Maßnahmen ergreifen, die Ihnen genug Schwung und Vitalität für den ganzen Tag geben. Stimulation ist hier besonders wichtig für Ihre Energie – und weniger Ruhe und Erholung.

- Dieses Energieprofil benötigt eine gesunde Dosis geistiger, emotionaler und körperlicher Stimulation. Man sollte sich daher keine Gewohnheiten zulegen, die einen unterfordern. Am besten, stellen Sie zunächst fest, wie viel Sie nachts schlafen. Während die beiden anderen Energieprofile eher darauf bedacht sein sollten, sich genügend auszuruhen, sollten Kapha/Calcium Carbonicum-Typen sich keinesfalls zu viel Schlaf angewöhnen. Als Faustregel gilt, dass man vor Mitternacht zu Bett gehen sollte und nach sieben Stunden gesundem, tiefem Schlaf aufsteht. Dehnt man den Schlaf regelmäßig auf zehn oder noch mehr Stunden aus, hat dies eher eine lähmende als stimulierende Wirkung.

OBEN: *Radfahren ist eine ausgezeichnete Aerobic-Übung, besonders wenn man sich ständig erschöpft fühlt und wenig Energie hat.*

- Wenn Sie eine eher träge Konstitution haben und eine sitzende Tätigkeit ausüben, sind stimulierende Übungen besonders geeignet, um Herz und Lunge zu trainieren und Ihren Kreislauf in Schwung zu bringen. In dieser Situation verschafft Ihnen jeder Energieverbrauch einen Vitalitätsschub. Wenn Sie Übungen an der frischen Luft machen, merken Sie sehr schnell, dass Sie nachts viel gesünder und tiefer schlafen.

- Sorgen Sie dafür, dass Sie den Tag nicht verbummeln oder aus reiner Bequemlichkeit oder Langeweile besonders große Mahlzeiten zu sich nehmen. Sie erreichen sonst nur das Gegenteil: Sie fühlen sich den ganzen Tag benommen oder aufgebläht oder vielleicht sogar beides.

- Verwenden Sie zu Tagesbeginn ein paar Tropfen ätherisches Zitrusöl. Sie können es beim Aufstehen entweder in einem im Handel erhältlichen Duftlämpchen verdunsten lassen oder Sie benutzen ein belebendes Duschgel, das Sie mit einem Waschlappen auf die nasse Haut auftragen und in einer erfrischenden Dusche schäumen lassen.

BETONEN SIE DAS POSITIVE – STÄRKEN SIE IHRE ENERGIEN

Wenn Sie feststellen, dass einer oder mehrere der folgenden negativen Faktoren auf Sie zutreffen, sollten Sie etwas unternehmen und die nachstehenden praktischen Anleitungen umsetzen. Schieben Sie es nicht hinaus – fangen Sie noch heute an. Sie werden überrascht sein.

Negative Gedankenmuster bekämpfen

Motivationsmangel

Warum können Sie bevorstehende Aufgaben nicht mit Schwung angehen? Ist es reine Langeweile oder die Furcht, überfordert zu werden, oder fühlen Sie sich allgemein nicht imstande, Aufgaben anzupacken?

Langeweile muss immer bekämpft werden, denn sie ist ein sehr erschöpfender Zustand. Wenn Sie in einen beruflichen oder persönlichen Trott verfallen sind, sollten Sie ganz bewusst die Dinge aufwirbeln und sich neue Herausforderungen suchen. Diese müssen natürlich realistisch sein, damit Sie am Ende mehr Selbstvertrauen und Mut haben, diesen positiven Weg weiterzugehen.

Ändern Sie jede unproduktive Routine, selbst wenn die Änderungen noch so klein sind. Lassen Sie keinesfalls das Gefühl aufkommen, blockiert oder eingeklemmt zu sein. Nichts ist so entmutigend wie der Eindruck, man könnte keine Aufgabe positiv angehen.

Das Gefühl, den Boden unter den Füßen zu verlieren, kann begründet sein. Es kann aber auch nur eine unbewusste Vermeidungsstrategie sein, sich vor Herausforderungen zu drücken. Wenn Sie sich mit einer Situation konfrontiert sehen, der Sie instinktiv aus dem Weg gehen wollen, halten Sie einen Moment inne und überlegen Sie, ob das eine vernünftige Reaktion ist. Im Idealfall stellen Sie sich vor, mit allem fertig zu werden, was sich vor Ihnen auftürmt.

Wenn Sie zu dem Schluss gekommen sind, dass Sie es schaffen, dann zögern Sie auch nicht. Falls Sie aber immer noch glauben, dass Sie der Sache nicht gewachsen sind, können Sie nein sagen sich der nächsten Herausforderung stellen, mit der Sie konfrontiert werden. Die Hauptsache ist, Sie lernen das befreiende Gefühl kennen, eine Entscheidung bewusst zu treffen und nicht der Sklave eingespielter Reaktionen zu sein. Besonders wichtige Entscheidungen werden Sie so mutiger und kontrollierter treffen können.

Angst vor Veränderungen

Selbst wenn es Ihnen gar nicht bewusst ist, kann die Angst vor Veränderungen am meisten an Ihrer Energie zehren. Wenn Sie unter Angst vor Veränderungen leiden, betrifft das viele Aspekte Ihres Lebens. Diese Angst kann Sie daran hindern, persönliche Beziehungen aufzubauen und zu entwickeln, wichtige Bereiche Ihrer beruflichen Karriere zu erforschen oder einfach nur die Freuden des Lebens zu genießen.

LINKS: *Wer sich niedergeschlagen fühlt, möchte am liebsten andere Menschen meiden.*

OBEN: *Positives Entspannen lädt Ihre geistigen und emotionalen Batterien wieder auf.*

Falls Sie, bereits seit Ihrer Kindheit unter einer tief sitzenden Angst leiden, löst professionelle Hilfe am besten Ihr Problem. Diese Ängstlichkeit kann sich in einer zwanghaften Furcht vor dem Altwerden manifestieren oder darin, dass Sie nervös oder reizbar werden, wenn sich Dinge in der letzten Minute ändern. Allgemeine Ratschläge reichen hier nicht mehr aus, wenn Ihre Angst vor Veränderungen einen beherrschenden Einfluss auf Ihr Leben hat. In diesem Fall ist ein psychologischer Ansatz wie z.B. eine kognitive Therapie sicher sinnvoller.

Eine solche Behandlung kann eine sehr befreiende Wirkung haben, denn Sie erkennen die Verhaltensmuster, die Sie sich in den frühen

Lebensjahren angewöhnt haben. Diese unterbewussten Verhaltensweisen bestimmen, wie wir uns als Erwachsene den Herausforderungen des Lebens stellen. Sobald Sie diese Zusammenhänge erkannt haben, sind Sie in der Lage, Ihre Verhaltensmuster zu durchbrechen. Ist dieser Schritt getan, setzen Sie in sich eine gewaltige emotionale und geistige Energie frei, die Ihr Leben bereichert.

Trägheit

Trägheit kann sich negativ durch unser ganzes Leben ziehen, sie kann aber auch nur zu bestimmten Zeiten vorkommen. Diese Momente treten meist in bestimmten Lebensphasen auf, bei bevorstehenden großen Änderungen der Richtung oder Geschwindigkeit unseres Lebens. Eine solche Trägheit kann auch einsetzen, wenn wir zum ersten Mal Mutter oder Vater werden, bei der Menopause, beruflicher Zurücksetzung oder in Stresssituationen, vor Altersteilzeit oder dem Ruhestand oder gar einer Kündigung.

Durch solche Situationen verursachte Trägheit kann zu Schwunglosigkeit, verringerter Kreativität und allgemeiner Müdigkeit, letztendlich sogar zu Depressionen führen. Wenn dieses Gefühl der Trägheit mehr ist als nur eine vorübergehende Erscheinung, sollten Sie unbedingt etwas dagegen unternehmen.

Um sich von diesem lähmenden Gefühl der Trägheit zu befreien, betrachten Sie realistisch die Ihnen zur Verfügung stehenden Möglichkeiten, um Schwung und Vitalität in Ihr privates und berufliches Leben zu bringen. Je nach Ihrer persönlichen Lage könnte das bedeuten, sich ein bestimmtes Ziel zu setzen, um eine Hilfskraft zu bitten, physische Energie zu tanken, um fit zu werden, professionellen Rat zu suchen, um finanzielle Probleme zu lösen, oder sich nach einem Babysitter umzuschauen, um mehr Zeit für Unternehmungen zu haben.

Denken Sie immer daran: Sie sollen und müssen die Fähigkeit zu unkonventionellem Denken entwickeln. Erwägen Sie alle denkbaren Möglichkeiten – Sie werden vermutlich überrascht sein, wie leicht Sie Ihr Leben positiv verändern können.

Pessimismus

Es liegt an unserer Perspektive oder Einstellung, was wir aus einer bestimmten Situation machen. Wer ein Problem positiv und optimistisch anpackt, stellt fest, dass das Leben wie geschmiert läuft. Zwar lösen sich Probleme nicht in Luft auf, aber mit einem zuversichtlichen Herangehen lassen sich auch Lösungen erreichen. Wer eine positive Aura ausstrahlt, wirkt positiv auf die anderen und erhält ein angenehmeres Feedback.

Leider gilt auch das Gegenteil. Wer sich niedergeschlagen und pessimistisch den Herausforderungen des Lebens stellt, der provoziert eine sich selbst erfüllende Prophezeiung. Wer immer ein negatives Ergebnis erwartet, erhält unweigerlich auch eins. Wer vor jeder Herausforderung mit dem Schlimmsten rechnet, ist nicht mehr imstande, günstige Gelegenheiten beim Schopf zu packen. Ungezügelter Pessimismus führt schließlich zu einer negativen Spirale, und jede enttäuschende Erfahrung verstärkt das negative Denken.

Wenn Sie seit Ihrer Kindheit pessimistisch eingestellt sind und wenn Sie merken, dass sich dieses Denkschema fest eingebrannt hat, hilft Ihnen eine professionelle kognitive Therapie sicher am besten. Mit einer solchen Therapie kann Ihnen die Kraft gegeben werden, diese Denkmuster, die ja eigentlich nicht zu Ihrem Wesen gehören, aufzubrechen.

Wer die meiste Zeit optimistisch und positiv denkt, wird auch schneller fertig mit großen Enttäuschungen, die zunächst pessimistisch und finster stimmen. Das liegt daran, dass Sie über eine positive Ausgangsbasis aufgrund Ihrer emotionalen Stabilität verfügen. In einer derartigen Situation sind die nachfolgenden Strategien sicher ein guter Ansatzpunkt.

- Sprechen Sie mit einer Vertrauensperson über Ihre Gefühle. Sie sollten sich in der Gegenwart dieses Menschen wohlfühlen, und er sollte selber eine eher positive Lebenseinstellung haben. Denn sonst besteht die Möglichkeit, dass Sie sich am Ende noch schlechter fühlen als zu Beginn.

- Wenn Sie sich in einer ganz bestimmten Lage ohne erkennbaren Grund schlecht fühlen, nehmen Sie sich die Zeit und listen Sie die positiven und negativen Aspekte der Situation auf. Machen Sie Ihren Kopf vorher klar (hierbei helfen Ihnen die Entspannungstechniken, die weiter hinten im Buch beschrieben sind), damit Sie das Problem objektiv betrachten können. Wenn Ihre Sicht ausgewogen ist, bemerken Sie vermutlich mehr positive als negative Aspekte. Andererseits stellen Sie vielleicht fest, dass Ihre negative Ahnung richtig war. Nun können Sie sich entsprechend sachlich auf die Situation einstellen.

- Falls Sie sich nach einem aufregenden Ereignis deprimiert fühlen, sollten Sie einen alternativen oder ganzheitlichen Therapeuten zu Rate ziehen. Ein qualifizierter Homöopath, Kräuter- oder Naturheilkundiger hört Ihnen zu und kann Ihnen auch ein geeignetes pflanzliches oder homöopathisches Medikament verschreiben, das Ihnen über das Tief hinweg hilft.

- Weitere Ratschläge finden Sie in Kapitel 6 auf Seite 107: Zehn einfache Schritte zu positivem Denken.

UNTEN: *Uns allen tut es gut, Spaß zu haben und zu entspannen.*

Gesunder Schlaf ist wichtig

Ein gesunder Schlaf ist die Grundlage für ruhig fließende, ausgeglichene Energien. Obwohl wir inzwischen durch zahlreiche Schlafstudien einiges über das Geheimnis Schlaf wissen, gehen die Ansichten immer noch weit auseinander. Eine kürzlich erschienene US-Studie der *Archives of General Psychiatry* ergab nach der Untersuchung von über einer Million Erwachsener im Alter von 30 bis 102 Jahren, dass das Schlafoptimum der älteren Untersuchten bei sechseinhalb Stunden täglich liegt. Früher glaubte man, dass mehr Schlaf gesünder sei. Doch aus dieser Studie hat man den Schluss gezogen, dass die optimale Schlafdauer bei etwa sieben Stunden liegt. Jede Nacht länger zu schlafen, scheint eher zu Gesundheitsproblemen als zu guter Gesundheit zu führen.

Andererseits zeigte ein Bericht, der in den britischen Medien veröffentlicht wurde, dass man sich ernsthafte Probleme einhandeln kann, wenn man zu wenig schläft. Dazu gehören ein erhöhtes Unfallrisiko infolge einer verringerten Reaktionsgeschwindigkeit sowie zwar weniger dramatische, aber ebenfalls ernsthafte gesundheitliche Probleme. Eine erhöhte Neigung zu hohem Blutdruck und Gedächtnisverlust im Alter), Stimmungswechseln, Reizbarkeit, Konzentrationsschwäche, Unentschlossenheit und erhöhte Anfälligkeit für Krankheiten sind nur die gravierendsten Nachteile von Schlafmangel.

Unsere Erkenntnisse über den Schlaf zeigen, dass die optimale Schlafdauer stark von individuellen Bedürfnissen abhängt. Wir brauchen so viel Schlaf, dass wir frisch aufwachen und den Tag schwungvoll angehen können. Es ist daher unnötig, über eine bestimmte Stundenzahl zu reden – manche Menschen wissen instinktiv, dass sie acht Stunden ununterbrochenen Schlaf benötigen, um fit zu sein, während für andere fünf Stunden völlig ausreichen. Wenn dieser Typus

länger schläft, fühlt er sich benommen und träge. Sie sollten herausfinden, wie viel Schlaf Sie benötigen, um bei bester Gesundheit zu bleiben und Ihre Vitalität zu erhalten. Wie schon gesagt, führt Schlafentzug zu schweren Gesundheitsproblemen, die auch unsere geistige und emotionale Ausgeglichenheit stören und die Abwehrkräfte schwächen. Regelmäßiger gesunder Schlaf hingegen bringt uns neue Energie. Das hängt zum Teil damit zusammen, dass sich unsere Organe beim Schlaf erholen, da sie im Schlaf langsamer arbeiten.

Wenn Sie über längere Zeit zu wenig schlafen, ermüden Sie auch geistig und können klare und schnelle Entscheidungen schwerer zu treffen. Das Gefühl geistiger Anspannung, das durch eine innere Benommenheit verstärkt wird, verschlimmert sich noch, wenn Sie aufbrausend und gereizt auf den Schlafmangel reagieren. Sobald Sie aber wieder regelmäßig schlafen, ist der Gewinn enorm. Geistige Klarheit, eine stabile Stimmung, ein Gefühl der Entspannung und beständige Energiezustände sind die Folgen eines gesunden Schlafverhaltens. Wenn Ihre geistigen, emotionalen und körperlichen Energiezustände durch regelmäßigen tiefen Schlaf stabilisiert sind, verschwindet auch das Bedürfnis nach Aufputschmitteln z.B. nach Kaffee, um in Schwung zu bleiben. Das ist allein schon ein Gesundheits-Bonus.

Entspannung, Ernährung, gesunder Schlaf und alternative Heilmittel

Wenn Sie sich an die folgenden Hinweise zu Schlafstrategien halten, werden Sie schnell gesünder schlafen – sowohl was die Schlafdauer als auch die Tiefe Ihres Schlafes betrifft.

Entspannung

Eine der einfachsten und zugleich wichtigsten Arten, sich auf einen gesunden Schlaf vorzubereiten, besteht darin, in den letzten Stunden vor dem Zu-Bett-Gehen auf Anstrengendes, Aufputschendes und Anregendes zu verzichten. Auf jeden Fall sollten Sie vermeiden, bis spät in die Nacht zu arbeiten, auch wenn die Versuchung groß ist. Beachten Sie, dass Sie mindestens eine Stunde geistiger Entspannung benötigen, um völlig abschalten und gut einschlafen zu können. Sonst wälzen Sie sich nur im Bett herum und kommen ins Grübeln.

Tun Sie stattdessen lieber ein paar Stunden vor dem Schlafengehen etwas Angenehmes und geistig Entspannendes. Lesen Sie z.B. einen Roman, hören Sie Musik oder ein Hörbuch, machen Sie Entspannungsübungen, nehmen Sie ein warmes Bad mit ätherischen Ölen oder machen Sie Atemübungen. Vermeiden sollten Sie vor dem Schlafen gehen anstrengende Übungen, Fernsehen (besonders aufregende Action-Filme) oder hitzige Diskussionen – das hebt nur den Adrenalinspiegel und lässt Sie hellwach und unruhig werden. Miteinander zu schlafen kann sowohl schlaffördernd als auch aufputschend sein – je nach individueller Veranlagung. Wenn Sie sich nach dem Sex angenehm entspannt und müde fühlen, haben Sie sicher die schönste Lösung gefunden. Wenn Sie aber eher voller Schwung sind, sollten Sie Sex vielleicht nicht direkt vor dem Einschlafen haben.

Ernährung

Wer sensibel auf Aufputschmittel wie Koffein oder Guarana reagiert, sollte ab dem Nachmittag auf aufputschenden Getränke verzichten. Selbst wenn Sie hart im Nehmen sind, sollten Sie nach dem Abendessen nicht mehr Kaffee oder starken Tee trinken. Es würde Sie vielleicht nicht gerade aufputschen, hat aber sicher eine nachteilige Wirkung auf die Tiefe Ihres Schlafes.

Auch Alkoholkonsum kann einen negativen Einfluss auf den Schlaf haben, besonders weil er dadurch unruhig wird. Alkohol kann die Stimmung sicher verbessern. Das ist in Ordnung, wenn Sie vor dem Schlafengehen entspannt sind. Sind Sie jedoch ängstlich oder unruhig, dann ist Alkohol-

LINKS: *Eine entspannende Atmosphäre in Ihrem Schlafzimmer sorgt für gesunden Schlaf.*

konsum problematisch. Hinzu kommt, dass Sie nach größeren Mengen Bier oder Wein nachts vielleicht mehrmals auf die Toilette müssen, was Sie ebenfalls an einem tiefen Schlaf hindert.

Achten Sie auch darauf, wann Sie essen und trinken und welche Stoffe Ihre Nahrung enthält. Zeitpunkt und Menge des Abendessens haben einen großen Einfluss auf die Schlafqualität. Ein häufiger Fehler besteht darin, spät am Abend reichhaltig zu essen und das Essen mit größeren Mengen Alkohol oder Kaffee hinunterzuspülen. Aufgrund der schädlichen Wirkung von Koffein und Alkohol wird sich ein gesunder Schlaf dann nur schwer einstellen. Erschwerend kommt außerdem hinzu, dass unser Verdauungsapparat nachts nur mit halber Kraft arbeitet und uns das Essen dann schwer im Magen liegt.

Aufgrund der Ruhephase unserer Organe während des Schlafs laufen auch alle Körperfunktionen langsamer ab. Bei einem leeren Magen und allgemeinem Wohlbefinden ist das gar kein

Problem. Wenn Sie dagegen ein umfangreiches Drei-Gänge-Menü verdauen müssen, kann das leicht in Beschwerden ausarten. In diesem Fall schlafen Sie zwar ziemlich schnell ein, wachen zu Ihrem Verdruss nach kurzer Zeit aber wieder auf – mit einem rumorenden Magen, Sodbrennen und/oder Übelkeit. Am einfachsten lassen sich diese Probleme vermeiden, wenn Sie möglichst früh zu Abend essen (die Nahrung bleibt etwa vier bis sechs Stunden im Magen, je nach Inhaltsstoffen). Falls Sie später essen müssen, verzichten Sie auf rotes Fleisch, Käse, Sahne und andere fetthaltige Zutaten, für deren Verdauung der Magen längere Zeit benötigt. Essen Sie stattdessen Leichtverdauliches wie Salate, gegrillten Fisch, Hähnchen und gekochtes, gedämpftes oder auf asiatische Art zubereitete Getreidegerichte.

Umgebung

Für einen tiefen und erfrischenden Schlaf müssen Sie sich entspannt und geborgen fühlen. Daher ist es sehr wichtig, sich über die Atmosphäre im Schlafzimmer Gedanken zu machen. Mancher mag zwar einen Blick haben für eine innenarchtektonisch gelungene Ausstattung, vergisst dabei aber, dass es eigentlich um einen entspannten Schlaf geht.

Obwohl leichte und dünne Gardinen und Vorhänge toll aussehen, verhelfen Sie Ihnen nicht zu gesundem Schlaf, wenn Sie durch grelles Licht von draußen leicht aufwachen. Andererseits sollten Sie auch zu schwere Vorhänge vermeiden, denn in völliger Dunkelheit wachen Sie schwerer auf und kommen nicht so leicht in Schwung. Wählen Sie Farben, Muster und Stoffdicke so, dass genug helles Licht gefiltert wird, damit Sie nicht zu früh aufwachen.

Es ist auch wichtig, störende Geräusche vom Schlafzimmer fern zu halten, besonders falls Sie geräuschempfindlich sind. Wenn Sie umziehen, machen Sie sich Gedanken über das künftige Schlafzimmer und wie ruhig es wohl sein wird. Wenn es zu einer verkehrsreichen Straße hin liegt, sollten Sie besser einen anderen Raum dafür auswählen. Ist das nicht möglich, sollten Sie

eine Investition in Isolierglas, das den Straßenlärm abhält, nicht scheuen.

Schlafroutine

Denken Sie daran, dass Schlafgewohnheiten Ihr Leben beeinflussen und dass Sie daher auf regelmäßigen Schlaf achten sollten. In stressigen Zeiten oder unter Druck oder wenn Sie sich allgemein geistig oder körperlich erschöpft fühlen, ist das besonders wichtig. Selbstverständlich gibt es Phasen, in denen die Tagesabläufe regelmäßigen Schlaf nicht zulassen. Das ist auch gar nicht schlimm, denn die Bereitschaft zu Flexibilität ist ein Zeichen für eine gesunde Lebensweise, in der immer Platz sein muss für Spontaneität. Doch auch hierfür braucht es Routine. Wenn die Lebensweise zu unstet oder chaotisch wird, entsteht ein ernsthaftes Risiko, sich in einer negativen Energiespirale zu verfangen, wie im vorigen Kapitel (Seiten 15–16) beschrieben wurde.

Gehen Sie möglichst zu einem bestimmten Zeitpunkt zu Bett, damit sich Ihr Körper merkt, wann es Zeit ist, geistig und körperlich herunterzuschalten. Wählen Sie für das Zu-Bett-Gehen gehen den Zeitpunkt, an dem Sie glauben, am einfachsten einschlafen zu können. Mit der Zeit gewöhnt sich der Körper an diesen Rhythmus und Sie schlafen immer leichter ein und wachen morgens erfrischter auf. Regelmäßiger, ununterbrochener gesunder Schlaf zahlt sich für Sie in Ihrer Energiebilanz aus – besonders wenn Sie einmal unter Stress stehen.

LINKS: *Schwarzer Tee und Kaffee eignen sich vor dem Schlafen gehen nicht zum Entspannen. Wenn Sie etwas Heißes trinken möchten, wählen Sie Kräuter- oder Früchtetee.*

OBEN: *Arbeiten Sie nicht bis kurz vor dem Schlafen gehen. Schalten Sie lieber ein paar Stunden vorher ab.*

Alternative und ergänzende Heilmittel

Falls Sie einmal vorübergehende Probleme mit Schlafdauer oder -tiefe haben, wollen Sie natürlich etwas dagegen unternehmen. Oder Sie haben bisher immer unter Schlafstörungen gelitten und wollen eine Abhängigkeit von Schlafmitteln vermeiden. In beiden Fällen steht Ihnen eine ganze Reihe alternativer und ergänzender Heilmittel zur Verfügung. Solche alternativen Stoffe sind frei von Nebenwirkungen und führen nicht zu Abhängigkeit, erzielen dafür aber auf sanfte Art Ergebnisse. Wenn Ihre Schlafstörungen schwer sind und Sie sich nun nach alternativen Mitteln umsehen, um von konventionellen Schlaftabletten weg zu kommen, ist es empfehlenswert, professionellen Rat bei einem qualifizierten Arzt zu suchen. Geeignete Therapien hierfür sind Homöopathie, Naturheilkunde, westliche Kräutermedizin, traditionelle chinesische Medizin, Ayurveda und Hypnotherapie.

Andererseits hängt eine kürzere und weniger schwerwiegende Schlafstörung vielleicht mit aktuellen Stresssituationen oder einem Trauma zusammen. Hier hilft die wohldosierte Einnahme von alternativen oder ergänzenden Medikamenten. Eine Liste der Möglichkeiten und Ratschläge zur Wahl des am besten geeigneten Medikaments und seiner Dosierung finden Sie unter dem Stichwort Schlaflosigkeit auf Seite 114.

Verlassen Sie sich nicht auf den Adrenalinschub

Es mag zwar aufregend sein, schnell und intensiv durchs Leben zu sausen und mit ständigen Adrenalinschüben in Schwung zu bleiben, doch der Preis dafür ist, dass Sie irgendwann komplett ausgebrannt sind. Sie fühlen sich dann erschöpft, reizbar, launisch und lustlos. Manche greifen auch zu chemischen Aufputschmitteln, um in Schwung zu bleiben und bei ständig zunehmendem Druck den Adrenalinspiegel hoch zu halten. Dieses Verhalten kann jedoch langfristig katastrophale Folgen haben, wenn man nichts ändert. Sie zeigen schließlich Anzeichen von völliger Erschöpfung, ganz egal wie viele Aufputschmittel Sie dann noch nehmen. Wenn es erst einmal so weit gekommen ist, lässt die Konzentrationsfähigkeit nach, geistige und körperliche Ermüdung sowie Muskelschwäche treten ein, die Abwehrkräfte lassen nach, der Blutdruck sinkt, schließen kommen Herzklopfen, Angstzustände und/oder Depressionen hinzu.

Es ist also äußerst wichtig, auf Körpersignale zu achten, um so schnell wie möglich etwas gegen diese Erschöpfungszustände zu unternehmen. Durch positive Veränderungen gewinnen Sie neue Vitalität und Energie und verringern die Wahrscheinlichkeit, sich schließlich ein chronisches Ermüdungsproblem zuzuziehen. Hierbei hilft Ihnen jede der nachfolgenden Strategien.

Selbstkontrolle

Wie viele Stunden arbeiten Sie und wie lange erholen Sie sich in Ihrem Leben? Wenn Sie feststellen, dass die Arbeit immer mehr in Ihr Privatleben eindringt – egal ob Sie Arbeiten mit nach Hause nehmen, an Wochenenden arbeiten und/oder bis spät abends im Büro bleiben –, müssen Sie etwas unternehmen. Falls Sie Arbeiten nicht delegieren oder ablehnen können, lesen Sie das folgende Kapitel über Stress-Management. Diese Ratschläge umzusetzen mag zwar zunächst schwierig erscheinen, doch ist der körperliche und psychische Nutzen gewaltig, wenn Sie aus der unerbittlichen Tretmühle ausbrechen können. Der erste Schritt ist immer am schwersten. Wenn sich aber die Vorteile erst einmal zeigen, wird es immer einfacher. Denken Sie immer daran, dass Sie nicht alleine durch alles hindurch müssen. Zögern Sie nicht, Familie oder Freunde um Hilfe und Rückhalt zu bitten – sie werden Ihnen sicher mit Freude zur Seite stehen, wenn sie Sie dafür häufiger zu Gesicht bekommen.

RECHTS: *Es ist wichtig, in regelmäßigen Intervallen Abstand von der Arbeit zu finden.*

Weg mit den Aufputschmitteln!

Verringern Sie die Einnahme von Aufputschmitteln langsam und kontinuierlich. Plötzlicher Koffeinentzug ist nicht angenehm und kann zu starken Kopfschmerzen, Nervosität und allgemein schlechter Befindlichkeit führen. Trinken Sie also allmählich immer weniger Kaffee, Tee oder koffeinhaltige Softdrinks und ersetzen Sie sie durch grünen Tee, Kräuter- oder Früchtetee, Getreidekaffee, Mineralwasser oder biologische Obstsäfte. Grüner Tee ist eine erfrischende und belebende Alternative zu schwarzem Tee. Er enthält weniger Teein und mehr Antioxidantien, die Ihr Immunsystem stärken.

Bewegen Sie sich

Wenn Sie nur selten einen Adrenalinstoß haben, sollten Sie sich um alternative, gesundheitsfördernde Möglichkeiten kümmern, damit Sie auch einmal einen wohligen Kick verspüren. Am effektivsten erzielen Sie eine natürliche Hochstimmung durch regelmäßige Aerobic-Übungen wie z.B. Joggen, Walking, Schwimmen, Tanzen oder Radfahren. Dieser Kick wird erzeugt durch eine verstärkte Sekretion und Zirkulation von antidepressiven Wirkstoffen im Körper, den Endorphinen. Die Ausschüttung dieser natürlichen Stoffe wird durch rhythmisches Üben angeregt. Bewegung ist sehr sinnvoll, wenn Sie eine vorwiegend sitzende Lebensweise haben und sich nur durch Adrenalinschübe und Aufputschmittel in Schwung halten.

Keine Sorge – Sie müssen jetzt nicht gleich für Halbmarathons trainieren. Fangen Sie langsam an und setzen Sie sich erreichbare Ziele. Entscheiden Sie sich vor allem für etwas, das Ihnen Spaß macht. Sie bleiben dann eher bei der Stange.

LINKS: *Ersetzen Sie nach und nach den Kaffee durch Kräuter- oder Früchtetee.*

RECHTS: *Denken Sie daran, dass Training Spaß machen soll.*

OBEN: *Regelmäßige Meditationsübungen sind eine der effektivsten Stressbewältigungsmethoden.*

Lernen Sie abzuschalten

Wenn Ihr Leben hektisch verläuft, können Sie wahrscheinlich nicht besonders gut abschalten und Ihren Energievorrat erneuern. Das ist ein ganz anderes Gefühl als die völlige Erschöpfung, die Sie vielleicht kennen, wenn Sie sich regelmäßig und zu lange zu viel vorgenommen haben. Die Kunst des Entspannens ist etwas, das wir alle lernen müssen, und wir können das auf viele verschiedene Arten tun. Wir können ein Kurs in Entspannungstechniken, Meditation, Yoga oder auch in Tai Chi belegen. Das hängt ganz von der persönlichen Vorliebe ab, doch sollten Sie eine Entspannungsmethode finden, die Sie im Alltag leicht anwenden können. Wenn Sie erst einmal zu völliger Entspannung imstande sind, werden Sie sich über die positiven Effekte wundern: Sie können sich besser konzentrieren, schlafen besser, sind psychisch ausgeglichener und belastbarer und stehen nicht mehr unter körperlicher Anspannung. Und all das ist gut für Ihren Energiezustand.

Stress bewältigen

Heutzutage sind wir alle Stress-Experten. Mancher glaubt, dass Stress die Pest unseres Jahrhunderts ist, während andere ihn für ein lebenswichtiges Elexier halten, weil sie sich sonst unterfordert und gelangweilt fühlen.

Wie immer liegt der richtige Umgang mit dem Problem Stress irgendwo in der Mitte. Das bedeutet, dass Sie durchaus in Ihrem privaten und beruflichen Leben in gesunden Stress kommen können, um sich zu motivieren, aber nicht in dem Ausmaß, dass Sie sich von unerfüllbaren Forderungen überschwemmt fühlen und ein Burnout riskieren.

Techniken zum Stress-Management bekommen eine besondere Bedeutung, wenn es darum geht, gesund zu bleiben und seine Energie zu bewahren. Exzessiver, unbewältigter Stress hat eine negative Wirkung auf Ihren Energievorrat. Das liegt daran, dass sich Ihre Sorgen und Nöte in Stress umwandeln können und so Ihre geistige, emotionale und körperliche Vitalität beeinträchtigen. Dieser Effekt verstärkt sich, wenn Sie sich hilflos und zu schlapp fühlen, um Schritte zur Problemlösung zu unternehmen. In einer solchen Situation erhöhen sich Ihre Adrenalin- und Cortisol-Spiegel – zwei wichtige Stresshormone des Körpers –, ohne dass Sie sie anschließend abbauen könnten.

Sobald Sie die ersten Schritte unternehmen, um mit Ihrem Stress fertigzuwerden, verspüren Sie den praktischen Nutzen: Sie fühlen sich nach einer Stresssituation schneller voller Energie, entwickeln mehr Tatkraft und Selbstvertrauen und können sich entspannen. Wenn Sie das zu Ihrer Gewohnheit machen, verbessern sich Ihre geistigen, emotionalen und körperlichen Energiezustände bald. In der Folge fühlen Sie sich entscheidungsfreudiger und allgemein positiver eingestellt.

Gehen wir das Problem also an! Die vorgestellten Techniken sind einfach. Wenn Sie hierbei Erfolg haben und den positiven Nutzen spüren, können Sie sich ruhig an ausgefeiltere Stress-Management-Techniken wagen. Informieren Sie sich dazu bei qualifizierten Experten oder in der entsprechenden Fachliteratur.

Was du heute kannst besorgen...

Nie etwas aufzuschieben ist wohl die grundlegendste Stressbewältigungs-Technik, die uns zur Verfügung steht. Wenn Sie sich nicht aufraffen, wird sich Ihr Problem auch nicht lösen. Ganz schädlich ist es, Aufgaben vor sich her zu schieben oder zu ignorieren – schließlich müssen sie doch gelöst werden. Denn wenn Sie sich vor etwas drücken, wissen Sie im Grunde doch ganz genau, dass dies nicht die Lösung ist. Das Problem belastet sie, selbst wenn es Ihnen nicht dauernd bewusst ist. Diese Situation ist sehr kräfteverzehrend: Sie können sich nicht gut auf andere Dinge konzentrieren, die vielleicht gerade anliegen. Auch nachts verfolgt Sie die aufgeschobene Aufgabe – ganz besonders dann, wenn die Liste der zu erledigenden Dinge immer länger wird. Am Ende wird die psychische Belastung immer größer und scheint unüberwindbar.

Zum Glück offenbart sich Ihnen ein erfreuliches Geheimnis, wenn Sie einmal den ersten, zugegebenermaßen schweren Schritt unternommen haben: Es ist gar nicht so schwer, eine Aufgabe sofort anzugehen anstatt sie aufzuschieben. Das liegt auch daran, dass die Dimensionen eines Problems mit der Zeit immer größer erscheinen. Wenn der Ball erst einmal ins Rollen gekommen ist, erledigt sich die Aufgabe viel schneller als wir vorher geglaubt hätten – und meistens ohne die Komplikationen, die wir uns vorgestellt hatten. Selbst wenn Probleme auftreten, ergeben sich meist Lösungen, die wir in unserem negativen Denken einfach nicht gesehen hätten – wir wären viel zu unruhig gewesen.

Prioritäten setzen

Wer Stress bewältigen kann, ist auch instinktiv in der Lage zu erkennen, welche Aufgabe zuerst angegangen werden muss. Keine Sorge, wenn Sie damit bis jetzt Schwierigkeiten haben – Prioritäten zu setzen ist erlernbar und beherrschbar. Am Anfang schreiben Sie sich am besten eine Liste. Es hat wenig Sinn, sich nur in Ge-danken eine Liste zu machen – meist führt diese Methode nicht weit. Eine Liste im Kopf ist zu verschwommen, und das erzeugt auch wieder Stress. Die gedankliche Liste ändert sich ständig, je nach der Bedeutung, die Sie einer Sache im jeweiligen Augenblick beimessen.

Eine geschriebene Liste hingegen zeigt viel klarer, was als nächstes angegangen werden

UNTEN: *Eine unordentliche Umgebung verstärkt das Gefühl, einer Sache nicht gewachsen zu sein.*

muss. Man könnte zusätzlich noch besonders wichtige und sofort zu erledigende Dinge dreimal unterstreichen, wichtige Punkte zweimal und solche, die noch etwas Zeit haben, nur einmal. Was erledigt ist, wird abgehakt – damit haben Sie gleichzeitig einen Überblick und ein Erfolgserlebnis, denn Sie sehen, wie Sie bisher aufgeschobene Angelegenheiten endlich in Angriff genommen haben.

Delegieren

Sobald Sie gelernt haben, bevorstehende Aufgaben in der sinnvollsten Reihenfolge zu erledigen, kommt das effektive Delegieren hinzu. Erst dann erzielen Sie die optimale Wirkung dieser Stress-Management-Strategien. Besonders dringende Angelegenheiten müssen Sie sicher selbst erledigen, doch bleibt immer noch genug für andere übrig, die diese Aufgaben hervorragend lösen können. Bedenken Sie: Wer glaubt, alles selber erledigen zu müssen – selbst wenn andere dies vielleicht viel besser können als man selbst –, lädt sich unnötigen Stress auf und ist schließlich erschöpfter als alle anderen.

Der erste Schritt besteht darin zu akzeptieren, dass man nicht die Kontrolle über jede kleine und unbedeutende Aufgabe behalten muss. Wem es schwer fällt, andere um Hilfe zu bitten, fühlt sich nicht so ruhig und ausgeglichen und hat sich weniger unter Kontrolle als jemand, der bereitwillig Arbeiten an andere abtritt, die er nicht unbedingt persönlich erledigen muss.

Die positiven Effekte dieses Lernvorgangs und des anschließenden Delegierens sind offensichtlich und treten schnell ein. Sobald Sie bemerken, dass andere Menschen sich häufig freuen, wenn man sie um Hilfe bittet – und das trifft sowohl für den familiären Bereich wie für den beruflichen Kontext zu –, wird Ihnen auch klar, wem Sie welche Verantwortung übertragen können. Dies verschafft Ihnen das befreiende Gefühl, dass Sie nicht unentbehrlich sind. Vielleicht empfinden Sie

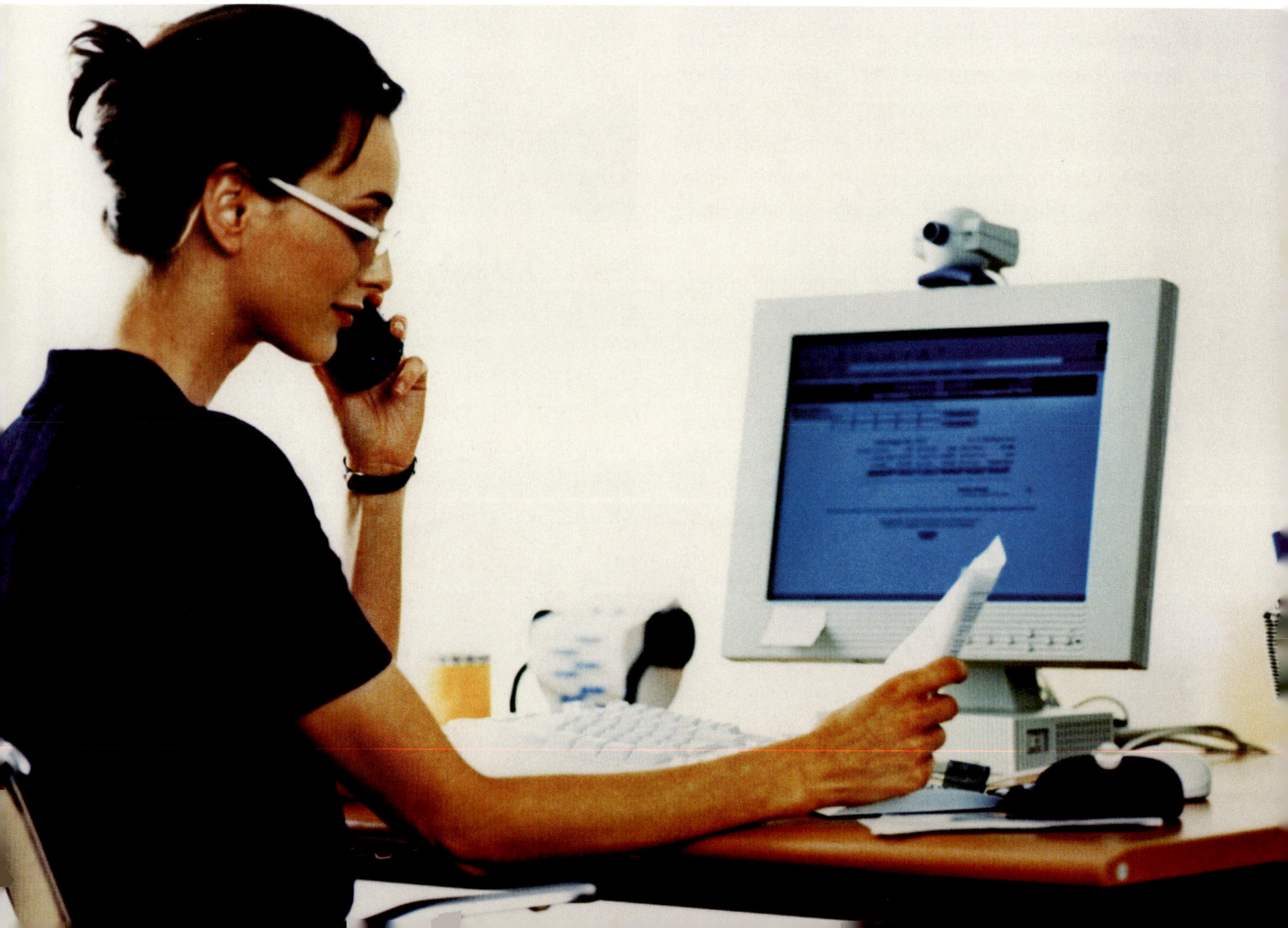

diesen Gedanken am Anfang als etwas bedenklich, doch auf längere Sicht sind die meisten Menschen erleichtert zu sehen, dass sie nicht die ganze Welt auf ihren Schultern tragen müssen.

Lernen Sie Nein zu sagen

Nein zu sagen hat nichts damit zu tun, sich vor bevorstehenden Aufgaben zu drücken, denen man sich stellen sollte – das käme einem Aufschieben gleich, über das wir schon gesprochen haben. Vielmehr geht es darum, sich selber realistische Grenzen zu setzen – so viel Kreatives und Produktives wie möglich zu tun, ohne sich jedoch mit zusätzlichen Dingen zu belasten, für die man nicht genügend Zeit hat oder Erfahrung mitbringt. Auch das ist eine natürliche Verhaltensweise, die mit der Prioritätensetzung zusammenhängt. Wenn Sie wissen, dass Sie die Grenzen Ihrer Belastbarkeit erreicht haben, müssen Sie zusätzliche Arbeit ablehnen, auch wenn dabei ein subtiler Druck auf Sie ausgeübt wird. Wenn Sie dies mit Umsicht tun, bewahren Sie sich vor völliger Erschöpfung. Wenn Sie der Versuchung erliegen, zu viel Arbeit zu übernehmen, denken Sie einmal ernsthaft darüber nach, wie viel Zeit Sie noch für sich selbst haben. Falls Sie sich eingeengt fühlen, ist es höchste Zeit, einmal freundlich, aber bestimmt nein zu sagen.

Organisieren

Wenn Sie wieder einmal das altbekannte Gefühl beschleicht, dass Sie mit Ihren Angelegenheiten nicht klar kommen, unterbrechen Sie für einen Augenblick Ihre momentane Tätigkeit. Schauen Sie sich aufmerksam und kritisch um. Oft spiegelt Ihre Umgebung Ihren Gemütszustand wider. Wenn Sie z.B. seit längerem unter Depressionen leiden, haben Sie sicher Ihr Äußeres und Ihren Haushalt vernachlässigt, und wollen sich einfach nur ins Bett verkriechen. Sie haben den Eindruck, gestresst zu sein und mit Ihrer chaotischen Umgebung nicht fertig zu werden.

Wenn Sie ständig mit gewaltigen Papierstößen auf Ihrem Schreibtisch oder einer unübersichtlichen Zahl unerledigter E-Mails konfrontiert sind, verstärkt das nur das bedrohliche Gefühl, der Arbeit nicht gewachsen zu sein. Sobald Sie jedoch einmal beginnen, Ordnung in Ihren Haushalt und Ihren Arbeitsplatz zu bringen, werden Sie zum Glück feststellen, dass alles viel besser funktioniert, und Sie werden die Dinge wieder mit mehr Enthusiasmus anpacken.

Das bedeutet auf rein praktischer Ebene: Sie finden Ihre Arbeit weniger verwirrend und Sie geht Ihnen leichter von der Hand, wenn alle Gegenstände, die Sie benötigen, schnell zur Verfügung stehen. Stellen Sie sich das Gegenteil vor: Sie verschwenden viel Zeit und Energie darauf, Sie sich durch endlose Papierstöße zu wühlen, bis Sie schließlich das Gesuchte finden. Ist dagegen das Gesuchte schnell bei der Hand, kommt gar nicht erst dieses gereizte und frustrierende Gefühl auf, das Sie unweigerlich überfällt, wenn Sie unter dem Druck eines knappen Termins ein wichtiges Dokument verlegt haben.

Denken Sie immer daran, dass es letztlich um einen gesunden Weg geht, Ordnung ins Durcheinander zu bringen. Wer sich jedoch ständig den Kopf um Sauberkeit und Organisation zerbricht, gerät am Ende in eine geistige und emotionale Zwangsjacke. Übertriebene Ordnungsliebe kann zur Obsession werden. Wenn es einmal so weit gekommen ist, kostet der Zwang, Ordnung zu halten, mehr Zeit und Energie, als die eigentlichen Aufgaben zu lösen – und das kommt schon einer Art „Selbst-Sabotage" gleich.

Wenn Sie Ihre Dinge auf eine gesunde, ausgeglichene Weise organisieren können, fassen Sie ein paar gute Vorsätze: Halten Sie ein, wenn der Stress zu groß wird, und schieben Sie nichts mehr auf die lange Bank, was Sie sofort erledigen können. Sie gewinnen so mehr Selbstwertgefühl, was eine nicht zu unterschätzende Wirkung auf Ihre geistige und emotionale Energie hat.

LINKS: *Der Gedanke ans Aufräumen ist viel unangenehmer als das Aufräumen selbst. Sobald Sie erst einmal damit begonnen haben, fühlen Sie sich viel besser, und möchten diese Ordnung nicht mehr missen.*

3 Gesunde Ernährung

Es mag klischeehaft klingen – doch wir sind das, was wir essen. Qualität und Menge der festen und flüssigen Nahrung, die wir täglich zu uns nehmen, haben enormen Einfluss auf unsere psychische Gesundheit. Was wir essen, bestimmt auch unsere Energie, das Verhältnis zwischen Fett und Muskeln unseres Körpers und den allgemeinen Gesundheitszustand.

Natürlich ist Nahrungsaufnahme viel mehr als nur die Bereitstellung von „Kraftstoffen" für unseren Körper. Wenn es nur darauf ankäme, könnten wir auch ausschließlich Nahrungsgrundbestandteile essen, um uns am Laufen zu halten. Doch wäre dies nicht nur unglaublich langweilig, sondern würde auch die Tatsache ignorieren, dass Essen sinnlich und stimulierend ist. Geruch, Konsistenz, Aussehen und Geschmack von Nahrungsmitteln können sehr anregend sein, besonders dann, wenn wir mit geliebten Menschen gemeinsam essen.

Doch gibt es leider auch andere Aspekte des Essens, die unsere Gesundheit nicht gerade steigern. Viele Menschen haben Schuldgefühle, weil sie zu viel, zu oft, zu wenig oder einfach zu ungesund essen. Dies kommt meist dann zum Tragen, wenn andere Dinge in unserem Leben nicht gut laufen. Dann sind schnell Süßgkeiten oder ähnliches bei der Hand – nicht weil man tatsächlich hungrig ist, sondern aus reiner Bequemlichkeit oder Ersatz. Wer dann nach dem Essen auf den nächsten Schuld-Trip kommt, gerät in einen Kreislauf. Sobald Ihnen klar ist, wie Qualität und Quantität Ihrer Nahrung Ihre geistige, emotionale und körperliche Gesundheit beeinflussen und wie Sie ein Gefühl des Wohlbefindens erlangen, sind Sie in der Lage, Ihre Situation zu verbessern.

Für Menschen, die über wenig oder stark schwankende Energie verfügen, ist dies besonders wichtig, denn die tägliche Nahrung beeinflusst den Energiezustand in höchstem Maße. In vieler Hinsicht sind gesunde Essgewohnheiten der Schlüssel für eine vitale Lebensweise.

LINKS: *Essen Sie täglich mindestens fünfmal frisches Obst und Gemüse um fit zu bleiben*
RECHTS: *Hellrote, orange, gelbe und dunkelgrüne Gemüse haben viele Antioxidantien.*

ERNÄHRUNG UND ENERGIE

Ihr Körper ist eine Art Hochleistungsmaschine und benötigt feste wie flüssige Nahrung als Kraftstoff. Mit anderen Worten: Können Sie von einem Porsche hohe Leistung erwarten, wenn Sie das billigste Benzin tanken? Das gleiche Prinzip gilt auch für Ihren Körper, denn Ihre tägliche Nahrung muss im Körper defekte Zellen reparieren und neue produzieren und dabei gleichzeitig für Körperwärme und Energie sorgen.

Was Sie also regelmäßig essen und trinken, bestimmt, wie gut Ihr Körper in jeder Hinsicht arbeitet. Daher ist es sinnvoll, dafür zu sorgen, dass die Nahrung jeden Tag alle wichtigen Inhaltsstoffe enthält. So bleiben Sie gesund und vital. Zu diesen Inhaltsstoffen gehören Vitamine, Enzyme, Mineralien, Aminosäuren, Fettsäuren, Antioxidantien, Ballaststoffe und viel Wasser.

Sie müssen auch berücksichtigen, dass sich die Nahrungsanforderungen zu bestimmten Zeiten, wenn Ihr Körper stärker belastet ist, ändern (z.B. während der Schwangerschaft, Pubertät oder Menopause, nach einer Abmagerungskur oder in Stressphasen). Es ist sinnvoll, den Grundbedarf des Körpers langfristig sicherzustellen, so dass Sie Zeiten mit erhöhten Anforderungen bewältigen, ohne zu erschöpfen oder schlapp zu machen.

Eine möglichst ausgewogene Ernährungsweise bringt also nur Vorteile. Kleinere Gesundheitsstörungen, die sonst Ihren Körper angegriffen und Unwohlsein ausgelöst hätten, bringen Sie schnell unter Kontrolle. Ständige Kopfschmerzen, Verdauungsprobleme, schlechtes Hautbild, Stimmungsschwankungen und Schlaflosigkeit nehmen ab oder verschwinden, wenn Sie sich regelmäßig und gesund ernähren.

In diesem Kapitel dreht sich alles um die Grundsätze richtiger Ernährung, die zukünftig Ihr Essverhalten bestimmen sollen. Besonderes Augenmerk wurde darauf gelegt, die Ratschläge so flexibel und angenehm wie möglich zu gestalten – richtige Ernährung soll schließlich genussvoll und nicht lästig sein. Es geht also eher darum, wie Sie Ihre Ernährungsweise abwandeln oder er-gänzen, und nicht darum, eine Liste mit ver-botenen Nahrungsmitteln aufzustellen. In den wenigen Fällen, wo auf bestimmtes Essen oder Getränke völlig verzichtet werden sollte, werden viele gesunde Alternativen vorgestellt. Schließlich sollen Sie Freude am Essen haben und nicht Schuldgefühle entwickeln oder sich bestrafen. Wir sprechen auch über Essgewohnheiten. Sie sind besonders wichtig, wenn man seine Energie erhalten möchte. Erst recht trifft dies in Stresssituationen zu, in denen die Versuchung groß ist, das Essen schnell hinunterzuschlingen oder zu Fast Food zu greifen. Wenn das nur selten der Fall ist, bleibt das wohl unproblematisch, doch wenn es zur Gewohnheit wird, sind Verdauungsstörungen zwangsläufig die Folge.

Die hier erteilten Ernährungsratschläge eignen sich für jeden. Spezielle Hinweise zur Ernährung für die im ersten Kapitel (Seite 24–31) vorgestellten Grundtypen ergänzen dieses Kapitel.

VERMEIDEN SIE ENERGIEKILLER

Schnelle Energiespender

Meist greift man automatisch zu Süßigkeiten, wenn man einen Energieschub braucht. Kurzfristig bringen Riegel oder Energydrinks tatsächlich neue Energie, doch zahlen Sie dafür auf längere Sicht einen gesundheitlichen Preis. Langfristig sind solche konzentrierten Produkte kontraproduktiv, haben einen negative Wirkung auf Ihre Energie, machen Sie launisch und verschlechtern Ihre Konzentrationsfähigkeit. Sie werden nervös und neigen schneller zu Erschöpfung. Natürlich können Sie gelegentlich solches „Kraftfutter" in kleinen Mengen zu sich nehmen, aber Sie sollten hier selbstkritisch und diszipliniert sein, wenn Sie Ihre Vitalität erhalten möchten. Falls Sie dagegen solche Energiespender ganz aus Ihrer Nahrung verbannen möchten, finden Sie leicht Ersatz.

Zucker

Viele Menschen glauben, durch mehr Zuckeraufnahme schnell Energie zurückzugewinnen, wenn sie sich überfordert fühlen. Ein „Zuckerschub" erzeugt auch zweifellos zunächst Energie, doch hält diese nicht lange vor. Im Gegenteil: Zu viel Zucker bewirkt ständig abwechselnde Hochs und Tiefs. Er führt zu einer Reihe von Gesundheitsproblemen, z.B. Übergewicht, zum Risiko, eine Diabetes vom Typ II zu entwickeln, zu Karies, Soor, vermehrter Schleimproduktion und Schwächung des Immunsystems, wodurch der Körper erst recht zu Erkrankungen neigt.

Raffinierter Zucker, der meist in großen Mengen in Plätzchen, Kuchen, Schokoriegeln und Softdrinks enthalten ist, hat keinen großen Wert für die Ernährung. Die Inhaltsstoffe, die Sie zum Aufschließen stark zuckerhaltiger Nahrungsmittel

LINKS: *Probieren Sie Früchteteemischungen, wenn Ihnen Kräutertees zu fad schmecken.*
RECHTS: *Süßigkeiten sind generell ungesund – der Einzige, dem sie nützen, ist der Zahnarzt!*

benötigen, werden nicht durch den Zucker selbst ersetzt. Sie haben also eher ein Ernährungsdefizit als einen Gewinn zu verzeichnen.

Der regelmäßige und ausgiebige Konsum von raffiniertem Zucker führt aber noch zu weiteren Problemen. Das hängt damit zusammen, wie unser Körper auf gezuckerte Nahrung und Getränke reagiert. Zunächst verspüren Sie einen Energieschub aufgrund des schnell steigenden Blutzuckerspiegels. Den hohen Blutzuckerspiegel versucht der Körper jedoch sofort wieder zu senken. Dafür produziert die Bauchspeicheldrüse Insulin, das den Blutzuckerspiegel augenblicklich senkt. Bei gelegentlichem Zuckerkonsum ist das unbedenklich, doch bei regelmäßigem Konsum steht die Bauchspeicheldrüse unter ständigem Stress. Wenn es erst einmal so weit gekommen ist, dass die Bauchspeicheldrüse nicht mehr mithalten kann, also eine Insulinresistenz entwickelt, laufen Sie Gefahr, an Diabetes zu erkranken.

Wenn sich Ihr Blutzuckerspiegel durch die Ausschüttung von Insulin senkt, missverstehen Sie die daraus resultierenden Symptome leicht als Schwäche, d.h. als ein Signal, dem Körper noch mehr Zucker zuzuführen. Tun Sie dies, so verstärkt sich die Körperreaktion, bis Sie zum Schluss einen Schwächeanfall erleiden. Gleichzeitig bemerken Sie bei zu hohem Zuckerkonsum, dass Sie immer mehr Zucker benötigen, um einen kurzfristigen Energieschub zu bekommen, so dass Sie Ihre Ernährungsweise immer stärker auf Süßes ausrichten.

Wenn Sie Ihren Konsum an weißem raffiniertem Zucker reduzieren wollen, bedenken Sie, dass nicht nur Kuchen, Nachspeisen, Süßigkeiten und Erfrischungsgetränke Zucker enthalten, sondern dass Zucker in zahllosen Lebensmitteln „versteckt“ ist – in Cerealien fürs Frühstück, vielen Gemüsekonserven, Tomatenketchup, Fertiggerichten, Mayonnaise, Chutneys und Pickles.

Natürlich haben nicht alle eine destabilisierende Wirkung auf Ihren Energiehaushalt, doch sollten Sie auf so viele versteckte Zuckerquellen wie möglich verzichten.

Koffeinhaltige Getränke

In dieser Rubrik gehören hauptsächlich Kaffee, Tee und Cola-Softdrinks. Oft greifen wir zu solchen Getränken, um Energie zu tanken, wenn wir uns mitten am Tag müde und träge fühlen. Doch der Konsum kann zu Nervosität, Launigkeit und starker Gereiztheit führen. Wenn unser Körper regelmäßig mit zu viel Koffein fertig werden muss, stellen sich schließlich Schlafstörungen, chronische Verdauungsbeschwerden, Herzklopfen und Ängstlichkeit ein.

Koffein hat auch auf den Blutzuckerspiegel einen nachteiligen Effekt, der sich noch verstärkt, wenn Sie zu starkem Kaffee oder Tee Plätzchen oder andere Süßigkeiten essen. Falls Sie auch noch stark gezuckerten Kaffee trinken, treten auf die Dauer zwangsläufig die oben beschriebenen Beschwerden und schwankenden Energiezustände auf. Regelmäßiger Konsum von koffeinhaltigen Getränken veranlasst unseren Körper zusätzlich zur Produktion von Adrenalin. Wenn sich bei Ihnen erst einmal ein Erschöpfungszustand einstellt, laufen Sie Gefahr, in geistige, emotionale und körperliche Erschöpfung zu fallen. Da die Adrenalin ausschüttenden Drüsen auch Stresshormone produzieren, besteht natürlich eine gewisse Versuchung, sich einen Kick durch Koffein zu verschaffen, wenn man unter starkem Druck steht. Doch geben Sie einer solchen Versuchung keinesfalls nach. Sie verschlimmern damit die Situation auf lange Sicht!

Sprudelnde Soft-Drinks bringen ganz eigene Probleme mit sich. Wer auf seine Gesundheit bedacht ist und seine Energien ausgleichen will, sollte auf sie verzichten. Abgesehen vom Geschmack gibt es kein gutes Argument für solche Drinks, denn sie bestehen aus einem Cocktail aus Zucker, künstlichen Süßstoffen, Aroma- und Farbstoffen, das Ganze ergänzt um einen guten Schuss Koffein. Ihr Genuss lässt nicht nur den Blutzuckerspiegel abrupt in die Höhe schnellen, sondern kann auch zu Problemen wie Gewichtszunahme, erhöhtem Osteoporose-Risiko aufgrund des Phosphorgehaltes bei vielen Softdrinks und größerer Anfälligkeit für Zahnerkrankungen führen.

LINKS: *Schokolade sollte ein gelegentlicher Leckerbissen bleiben.*

RECHTS OBEN: *Vermeiden Sie zuckerhaltige Sprudelgetränke.*

Es gibt noch weitere Aspekte zu bedenken: Koffeinhaltige Getränke haben eine harntreibende Wirkung, der Körper scheidet also verstärkt Flüssigkeit aus. Es ist ein Irrtum zu glauben, mit sieben oder acht Tassen Kaffee am Tag dem Körper die nötige Flüssigkeit zugeführt zu haben. Wenn man jedoch nicht zusätzlich viel Wasser trinkt, kann man, ohne es zu merken, in einen Zustand der Dehydrierung kommen. Wenn dies über längere Zeit der Fall ist, treten Beschwerden wie wiederkehrende Kopfschmerzen, Verstopfung, trockene Haut und ein niedriger Energiezustand ein. Eine solche Dehydrierung kann zur Folge haben, dass der Körper möglichst wenig Flüssigkeit auszuscheidet, um seine Wasserreserven zu behalten.

Alkohol

Alkohol in Maßen, also gelegentlich z.B. ein Glas Rotwein, kann eine angenehme und auch gesunde Sache sein – gesund deshalb, weil das Antioxidans Reservatrol in der Schale der Weintrauben einen positiven Effekt auf unseren Kreislauf hat. Natürlich könnte man auch die Weintrauben selbst essen und so die negativen Wirkungen des Alkohol vermeiden, doch ist ein gelegentliches Glas guter Wein, das man gemeinsam mit Freunden bei einem leckeren Essen genießt, überaus angenehm und trägt zur Geselligkeit bei. Die Weintrauben alleine würden diese Wirkung vielleicht doch nicht hervorrufen...

Doch hat der Alkohol mehr Schattenseiten als positive Aspekte. Wenn Sie regelmäßig Alkohol konsumieren, zahlen Sie eventuell einen hohen Preis in Bezug auf Ihren Energiehaushalt. Zu ausgiebiger Alkoholkonsum beeinträchtigt Ihren Schlaf, Ihre psychische Ausgeglichenheit, die Konzentrationsfähigkeit und die Verdauung. Das kommt daher, dass Alkohol die Leber belastet, und zudem den Blutzuckerspiegel ansteigen lässt – ganz ähnlich wie Koffein und Zucker. Das Resultat ist, dass man sich noch erschöpfter fühlt als vor dem Alkoholkonsum, sobald der Blutzuckerspiegel wieder gefallen ist. Nicht zuletzt entzieht Alkohol dem Körper eine ganze Reihe Vitamine einschließlich Vitamin C. Dies wird noch verstärkt, wenn man nicht nur trinkt, sondern auch noch raucht. Zwar hebt Alkohol die Stimmung, doch sollte man ihn besonders dann meiden, wenn man sich niedergeschlagen fühlt. Nach einem anfänglichen Gefühl der Entspannung fühlt man sich bald noch elender als zuvor.

Wenn Sie sich optimaler geistiger, emotionaler und körperlicher Energie erfreuen wollen, sollten Sie einen gesunden Abstand vom Alkohol einhalten. Sie sollten nicht einmal eine kleine Menge Alkohol regelmäßig trinken – Ihre Leber wird es Ihnen danken. Zum Glück gibt es gesunde Alternativen als automatisch zu jeder Mahlzeit ein paar Gläser Alkohol hinunterzukippen.

Raffinierte Kohlenhydrate

Folgende Nahrungsmittel gehören in diese Kategorie: Weißbrot, weißer Reis, helle Nudeln, weißer Zucker und alle Produkte aus Weizenauszugsmehl wie Kuchen und Snacks. Diese Nahrungsmittel sind gebleicht und so stark bearbeitet, dass die natürlichen Ballaststoffe, Vitamine und Minerale verloren gingen. Sie werden vom Körper schnell verdaut. Folglich kann der Blutzuckerspiegel schneller steigen, was zu kurzen Energieschüben führt. Wie wir unten sehen, geht es nicht darum, Kohlenhydrate völlig zu meiden – es ist eher die Art der Kohlenhydrate, die wir zu uns nehmen.

Nikotin

Zigaretten sind zwar kein Nahrungsmittel, aber trotzdem werden sie hier erwähnt, denn sie haben eine energetisch sehr nachteilige Wirkung auf den Körper. Die allgemeinen Gesundheitsrisiken des Rauchens setzen wir natürlich als bekannt voraus (erhöhtes Risiko für Herzerkrankungen, Krebs, Arterienverkalkung, Bluthochdruck, Osteoporose, Lungenkrankheiten wie etwa Emphyseme). Rauchen hat auch einen starken Einfluss auf die Produktion freier Radikale im Körper. Freie Radikale sind natürlich vorkommende, herumvagabundierende Moleküle, die eine verheerende Wirkung auf die Gesundheit haben – im Einzelnen: sichtbare Anzeichen frühen Alterns, erhöhtes Herzinfarkt-Risiko, Kreislaufschwäche, verringerte geistige Leistungsfähigkeit und ein schwaches Immunsystem. Sie erweisen Ihrem Körper also einen gewaltigen Dienst, wenn Sie gar nicht erst zur Kippe greifen.

Gesunde Energielieferanten

Die hier vorgestellten Nahrungsmittel und Getränke sollten unsere Essgewohnheiten bestimmen. Sie sind wichtig für die Ernährung, denn sie bewirken ausgeglichene, anhaltend hohe Energiezustände. In Stresszeiten oder unter Druck hat der Körper einen erhöhten Bedarf an diesen Energielieferanten.

Wasser

Unser Körper besteht ungefähr zu 70 Prozent aus Flüssigkeiten. Man kommt daher zwar eine längere Zeit ohne feste Nahrung aus, doch ein Flüssigkeitsentzug führt erstaunlich schnell zum Tod. Zum Glück besteht die Gefahr einer starken Dehydrierung nur bei schweren Erkrankungen oder bei einem Hitzschlag und daher kaum im täglichen Leben. Doch vielleicht ist Ihre Vitalität auf einem niedrigen Level, weil Sie viel zu wenig Flüssigkeit zu sich nehmen. Eine leichte Dehydrierung bedeutet einen ständigen Stress für die Ausscheidungsorgane wie Nieren und Darm, wodurch Sie sich häufig müde und benommen fühlen und unter Kopfschmerzen leiden. Das Problem verschlimmert sich, wenn Sie regelmäßig harntreibende Getränke (siehe oben) zu sich nehmen, um einen kurzen Energieschub zu bekommen.

Wenn Sie sich angewöhnen, täglich fünf große Gläser Leitungswasser oder stilles Mineralwasser zu trinken, werden Sie über die positiven Wirkungen erstaunt sein. Die Darmfunktionen verbessern sich erheblich, so dass Sie sich nicht mehr träge fühlen, und Ihre Haut wird frischer und reiner. Gesundheitliche Probleme, (z.B. die Neigung zu Blasenentzündung) verschwinden wie von selbst, und Kopfschmerzen, die sich vielleicht im Lauf des Tages aufgebaut haben, nehmen ab – und das alles nur, weil Sie jetzt genug trinken!

Verlassen Sie sich nicht darauf, dass Ihr Durstgefühl Ihnen schon sagt, wann Sie Wasser benötigen. Manche Menschen sind ständig durstig, aber vielleicht gehören Sie zu denen, die erst ein Durstgefühl verspüren, wenn schon ein Zustand leichter Dehydrierung eingetreten ist. Gewöhnen Sie sich an, nach dem Aufstehen ein großes Glas Wasser zu trinken, ein weiteres am Vormittag, dann am Nachmittag, am frühen und am späten Abend. Am besten sollte man Wasser ohne Kohlensäure zu sich nehmen, doch ergeben ein paar Tropfen Limette oder Zitrone einen feinen Geschmack. Auch ein Glas Sprudel ist völlig in

RECHTS: *Trinken Sie täglich ausreichend Wasser – mindestens fünf große Gläser voll.*

Ordnung. Wenn Sie zu Blähungen neigen, sollten Sie aber nicht zu viel kohlensäurehaltige Getränke konsumieren.

Es ist sinnvoll, nach jeder Tasse Kaffee, Tee, Kakao oder Alkohol ein großes Glas Wasser zu trinken. Auf diese Weise ersetzen Sie leicht die Flüssigkeit, die Sie infolge dieser Getränke ausscheiden.

Unraffinierte Kohlenhydrate

Die besten und bekömmlichsten Nahrungsmittel bestehen aus unraffinierten Kohlenhydraten. Das liegt hauptsächlich an den enthaltenen Ballaststoffen, die nicht verdaulich sind und so die Verdauung selbst unterstützen. Es liegt aber auch daran, dass diese Nahrungsmittel einen hohen Nährwert haben. Sie wurden nicht zu stark gemahlen, sind nicht gebleicht oder chemisch verändert.

Nahrungsmittel mit unraffinierten Kohlenhydraten werden als „vollwertig“ bezeichnet, weil sie aufgrund ihrer schonenden Verarbeitung fast alle natürlichen Nahrungsbestandteile noch enthalten. Die Inhaltsstoffe, die für Ihren Energiehaushalt besonders wichtig sind, umfassen eine ganze Reihe Vitamine und Mineralstoffe, Ballaststoffe und natürliche Fruchtzucker. Sie sind enthalten in Vollkornbrot, Vollkornnudeln, ungeschältem Reis, Kichererbsen, Linsen, Bohnen und stärkehaltigen Gemüsearten wie auch ungeschälten Kartoffeln. Der energetische Effekt dieser Nahrungsmittel wird verstärkt, wenn man dazu kleine Mengen proteinreicher Lebensmittel wie Fisch, Eier, Geflügel, Hülsenfrüchte und fettarmen Käse isst.

UNTEN: *Vollkornbrot enthält unraffinierte Kohlenhydrate, die Ihren Blutzuckerspiegel stabil halten.*

Rohkost

Rohes, frisches Gemüse und Obst sind für eine gute Gesundheit und Vitalität besonders wichtig. Vor allem dunkelgrüne, orange, rote und gelbe Früchte und Gemüsearten enthalten viele Antioxidantien. Diese wirken den Zerstörungen im Körper durch freie Radikale entgegen. Vitamin C ist das bekannteste Antioxidans; es wirkt als eine Art Polizist, der freie Radikale aufspürt und zerstört, sobald er auf sie trifft.

Antioxidantien sind für den Körper unentbehrlich, denn sie stärken auch die Immunabwehr, schützen Herz und Kreislauf und verringern das Risiko degenerativer Erscheinungen wie Gedächtnisverlust und vorzeitiges Altern. Wir können diese Stoffe zwar auch in Tabletten oder als Pulver einnehmen, aber das ist keine echte Alternative. Rohkost ist reich an Antioxidantien und enthält gleichzeitig Ballaststoffe, die über den Fruchtzucker wachen und verhindern, dass dieser wie raffinierter Zucker zu schnell in den Blutkreislauf gelangt. Essen Sie Obst, wenn Sie sich erschöpft fühlen. So bekommen Sie einen natürlichen und nachhaltigen Energieschub.

Durch vermehrten und regelmäßigen Verzehr von frischem Gemüse und Obst machen Sie auch die Erfahrung, dass Ihr Gesundheitszustand sich in anderer Hinsicht verbessert: Ihre Widerstandskraft gegen Infektionen wie Erkältungen, Husten und Magenbeschwerden nimmt zu und Ihre Verdauung funktioniert besser. Insgesamt fühlen Sie sich munterer und vitaler.

Wenn Sie den optimalen Nutzen aus vitaminreicher Nahrung ziehen wollen, bereiten Sie Ihre Mahlzeiten regelmäßig aus den folgenden Obst- und Gemüsesorten zu, wobei es sehr auf Abwechslung ankommt: rohe grüne Paprika, Petersilie, Brunnenkresse, Erdbeeren, Wassermelonen, Pfirsiche, schwarze Johannisbeeren, Brokkoli, Blumenkohl, Sprossen, ungeröstete und ungesalzene Nüsse, Zitronen, Orangen, Getreidekörner, Karotten, Süsskartoffeln, Spinat, Tomaten, Spargel und Aprikosen.

RECHTS: *Artischocken sind eine hervorragende Kaliumquelle.*

Kaltgepresstes Olivenöl und andere ungesättigte Fettsäuren

Wenn Sie in der Küche zum Braten und Grillen oder für Salate Öl verwenden, nehmen Sie immer kaltgepresstes natives Oliven- oder Sonnenblumenöl. Sie enthalten einfach und mehrfach ungesättigte Fettsäuren – im Gegensatz zu den gesättigten Fettsäuren in Butter, Sahne und Käse. Ungesättigte Fettsäuren haben eine schützende Wirkung auf Herz und Kreislauf und wirken der Arterienverkalkung entgegen.

Obwohl Fette nicht mehr als 20 Prozent an der Gesamtmenge der Nahrung ausmachen sollten, sind für Gesundheit und Vitalität einige Fette unentbehrlich. Dazu gehören die Omega-3-Fettsäuren, die vor Herzattacken und -infarkten schützen. Sie sind enthalten in Fischtran, Leinsamen, Walnüssen, Kürbiskernen und dunkelgrünem Blattgemüse. Omega-6-Fette gehören ebenfalls zu den wichtigen Fetten für den Energiehaushalt; sie stärken das Immunsystem, sorgen für ein hormonelles Gleichgewicht und regulieren den Stoffwechsel (sie sind dafür zuständig, dass die Körperfunktionen nicht zu träge werden). Viele Omega-6-Fette sind enthalten in Mais, Sesam, unraffiniertem Färberdistel- und Sonnenblumenöl.

Koffeinarme oder -freie Getränke

Eine der besten Alternativen zu schwarzem Tee und Kaffee ist grüner Tee. Sein Koffeingehalt ist niedrig und er ist ein ausgezeichnetes Erfrischungsgetränk, das Ihnen einen Energieschub ohne die nachteiligen Wirkungen des Koffeins verschafft. Er ist auch reich an Antioxidantien und verleiht so Extra-Kräfte im Kampf gegen zu viele freie Radikale.

Wenn Sie den Koffeingenuss völlig aufgeben wollen, gibt es eine ganze Reihe von Ersatzstoffen, die anstatt Kaffee oder Tee sehr gut schmecken. Dazu zählt Getreidekaffee (aus gerösteter Gerste mit geschmacklichen Zusätzen wie z.B. Zichorien), der pur oder mit Milch als Instantgetränk zubereitet werden kann.

OBEN: *Der Verzicht auf Koffein fällt leichter, wenn Sie leckere koffeinfreie Drinks trinken.*

LINKS: *Verwenden Sie für Salate oder zum Braten am besten kaltgepresstes natives Olivenöl.*

Kräuter- und Früchtetees entspannen oder bringen Sie in Schwung – je nachdem wie Ihnen zumute ist. Beschränken Sie sich bei Kräutertee nicht auf eine Mischung. Das wird auf die Dauer nicht nur langweilig, sondern Sie sensiblisieren Ihren Körper dadurch auch für ein bestimmtes Kraut.

Beachten Sie

Wenn Sie koffeinhaltige Getränke ganz absetzen, müssen Sie anfangs mit Entzugserscheinungen rechnen, besonders dann, wenn Sie normalerweise über sechs Tassen starken Kaffee täglich trinken. Die häufigsten Symptome sind starke Kopfschmerzen, Unruhe, Übelkeit und Schwunglosigkeit. Es ist also sinnvoll, mit dem Kaffeetrinken am Wochenende aufzuhören, wenn Sie Ruhe haben. Trinken Sie viel Wasser und essen Sie leichte Mahlzeiten. Auf längere Sicht lohnt es sich bestimmt!

SIE BEKOMMEN NICHT IMMER DAS, WAS SIE SEHEN: DIE FALLSTRICKE VON ENERGIE-RIEGELN UND ENERGY DRINKS

Wenn im Laufe des Tages Ihre körperliche und geistige Energie abnimmt, ist es verlockend, zu einem Energie-Drink zu greifen. Doch wenn Sie einmal auf die Inhaltsstoffe schauen, werden Sie diese Drinks schnell wieder zur Seite stellen. Sie sind ein Mix aus viel Zucker, zugesetztem Koffein und ein paar Vitaminen. Zwar putschen sie Sie zunächst auf, aber dann reagiert der Körper, wie im Kapitel über koffeinhaltige Getränke auf Seite 59 beschrieben wurde. Seien Sie auch besonders zurückhaltend bei Drinks, die Guarana enthalten, denn dabei handelt es sich genauso wie bei Koffein um ein Aufputschmittel.

Diese Drinks bringen weitere Probleme mit sich: Herzklopfen, Einschlafschwierigkeiten und Angstzuständen. Sie sind nicht „sportlich", sondern enthalten einfach nur viel unraffinierten Zucker, um dem Körper einen kurzfristigen Schub zu geben – was langfristig für die allgemeine Vitalität wenig bringt.

Auch Energieriegel sind mit Vorsicht zu genießen. Wenn Sie sich die Inhaltsstoffe ansehen, werden Sie feststellen, dass sie alle – mit gewissen Variationen – im Wesentlichen aus raffiniertem Getreide und Zucker bestehen. Manche haben Zusätze von Trockenfrüchten. Diese enthalten ebenfalls viel Zucker, aber doch noch einige Ballaststoffe, so dass sie den reinen kohlenhydrathaltigen Riegeln vorzuziehen sind. Seien Sie bei Riegeln mit Schokoladenüberzug vorsichtig; denn mit der Schokolade essen Sie noch mehr Zucker und gesättigte Fettsäuren.

Am besten verzichten Sie auf solche Produkte, wenn Sie Ihre Energie erhalten wollen. Wenn Sie einen kräftigen Snack benötigen, trinken Sie eine Tasse grünen Tee und essen Sie eine Banane, ungeröstete und ungesalzene Nüsse oder knabbern Sie Sonnenblumenkerne oder Trockenfrüchte (Aprikosen schmecken ganz besonders gut und sind sehr eisenhaltig). Statt einem koffeinhaltigen Softdrink entscheiden Sie sich lieber für eine Saftschorle, die eine genauso erfrischende Wirkung hat.

UNTEN: *Der in Obst enthaltene Fruchtzucker geht langsamer ins Blut als raffinierter Zucker.*

IHR ENERGIE-PLAN

Ihre Ernährungsweise sollte im Wesentlichen auf den folgenden Getränke- und Nahrungsmittelvorschlägen basieren – so bewahren Sie sich Ihre Gesundheit und Vitalität. Diese Nahrungsmittel und Getränke versorgen uns mit der notwendigen gesunden Energie. Sie können diese Diät ganz nach Ihren Bedürfnissen und Ihrem Geschmack variieren, damit sie bei Ihnen auch optimal wirkt.

Zum Beispiel würden Sie gerne die Zutaten zum Mittagessen und zum Abendessen vertauschen. Vielleicht müssen Sie diese Regeln manchmal auch ganz brechen – sei es, weil Sie jetzt unbedingt etwas Schokoladenkuchen essen möchten oder weil Sie einmal ausgehen wollen. Alles kein Problem! Denken Sie nur daran, nicht zu oft und nicht mehere Tage hintereinander gegen die Regeln zu verstoßen. Am wichtigsten ist es, dass Ihnen das Essen Freude macht.

OBEN: *Schlingen Sie Ihr Frühstück nicht hinunter, denn es ist wichtig für Ihren Energiehaushalt.*

Frühstück

Schlingen Sie nie Ihr Frühstück hinunter! Das Frühstück garantiert, dass Sie im Lauf des Tages nicht abbauen. Dass das Frühstück die wichtigste Mahlzeit des Tages ist, stimmt einfach! Orientieren Sie sich an folgenden Vorschlägen:

- Selbst gemachtes Müsli, das über Nacht eingeweicht wurde. Mögliche Zutaten: Hafer-, Roggen- oder Weizenflocken mit Sonnenblumenkernen, Rosinen, Sultaninen oder gehackten Trockenaprikosen. In fettarmer Bio-Milch einweichen. Wenn Sie gegen Milchprodukte allergisch sind, nehmen Sie Fruchtsaft.
- Zwei Scheiben Vollkorntoast mit etwas Bio-Butter und eventuell eingelegte Bio-Früchte oder Wildblütenhonig.
- Grüner oder Früchtetee oder Getreidekaffee
- Ein großes Glas stilles Mineralwasser oder frisches Leitungswasser

Vermeiden Sie:

- Gezuckerte Cerealien
- Fette, gebratene Würstchen oder Schinken
- Starken Kaffee oder Tee
- Gar kein Frühstück

Am Vormittag

- Ein Glas Mineralwasser mit ein paar Spritzern Zitrone oder Limette oder eine Tasse grüner bzw. Käutertee
- Wenn Sie hungrig sind, essen Sie Obst oder klein geschnittenes rohes Gemüse.

Vermeiden Sie:

- Starken Kaffee
- Plätzchen
- Krapfen oder anderes Gebäck

Mittagessen

Wählen Sie aus folgenden Vorschlägen:

- Vollkornnudeln mit würziger Tomatensoße
- Zwei Rühreier oder pochierte Eier aus Boden- oder Freilandhaltung
- Brust vom Freilandhuhn mit gemischtem Salat und Dressing als kaltgepresstem Oliven- oder Sonnenblumenöl mit Essig oder Zitronensaft
- Großer gemischter Salat mit Avocado, gekochtem Brokkoli, Spinatblättern, geriebener Karotte, Brunnenkresse, geriebenem Rotkohl, Blumenkohl, Kopfsalat, grüner, roter oder gelber Paprika, Pilzen, Sellerie, hart gekochtem, gehackten Ei, Frühlingszwiebeln oder Oliven. Für die Proteinzufuhr können Sie etwas Thunfisch, Makrele oder Käse hinzufügen
- Ein großes Glas Mineralwasser
- Eine Tasse grünen oder Früchtetee

Vermeiden Sie:

- Burger und Pommes frites
- Sandwiches mit Schinken, Käse und Mayonnaise
- Instant-Produkte, die gefärbt und geschmacklich völlig verändert wurden
- Kohlensäurehaltige Cola-Drinks
- Kartoffelchips oder gebratene Snacks, die viele Geschmackszusatzstoffe enthalten
- Kuchen und Plätzchen, die viel raffinierten Zucker und gesättigte Fettsäuren enthalten
- Alkohol und Kaffee

Am Nachmittag

- Ein großes Glas Wasser
- Ein Tasse grünen, Kräuter- oder Früchtetee oder Getreidekaffee

Wählen Sie aus:

- Ungeröstete, ungesalzene Nüsse, Samen und/oder Bio-Trockenobst
- Plätzchen aus Vollkornmehl mit wenig Zucker
- Etwas Obst

Vermeiden Sie:

- Kohlensäurehaltige Energy-Drinks
- Schokolade
- Espresso und Zigaretten

OBEN: *Ein leichtes Mittagessen ist sinnvoll, wenn nachmittags noch viel Arbeit auf Sie zukommt.*
RECHTS: *Gesund und lecker: Pfannengerührtes Gemüse mit kaltgepresstem Öl zubereitet.*

Abendessen

Wählen Sie nach Belieben aus:

- Gebackene Kartoffel mit grünem, rotem oder orangem Gemüse und einer Portion gegrilltem Lachs oder Forelle
- Ungeschälter Reis mit gemischtem Gemüse (am besten mit einem größeren Anteil Linsen, Kichererbsen oder Bohnen als Proteinspender)
- Großer gemischter Salat mit einer Portion gegrilltem Hähnchen oder Fisch. Das Dressing kann aus kaltgepresstem nativem Oliven- oder Sonnenblumenöl mit gutem Essig bestehen
- Vollkornnudeln mit Tomaten-Gemüsesoße (Zwiebeln, Knoblauch, Zucchini, Paprika aller Farben, Basilikum), Thunfisch und/oder Shrimps
- Pfannengerührtes Gemüse nach Jahreszeit mit klein gehacktem Hähnchen, Shrimps, Barsch oder Lachs und Nudeln

Zusätzlich:

- Ein Glas Mineralwasser
- Frisches Obst, Bio-Joghurt oder klein gehackte Bio-Trockenfrüchte
- Ein Tasse entspannender Kräutertee

Vermeiden Sie:

- Pizza
- Gebratenes
- Vakuumverpackte Fertiggerichte
- Pommes frites mit Hähnchen oder Fischstäbchen
- Rotes Fleisch
- Take-away Mahlzeiten
- Schwere Nachspeisen
- Eis

Ernährungstipps für dauerhafte Energie

- Halten Sie Ihren Blutzuckerspiegel so stabil wie möglich, indem Sie alle paar Stunden eine Kleinigkeit essen. Das muss nicht mehr als eine Scheibe Vollkornbrot, eine Bio-Reiswaffel oder ein Stück Obst sein. Die Hauptsache ist, Sie vermeiden Kaffee und Kuchen.

- Auch wenn Sie gar nicht daran gewöhnt sind: Sorgen Sie für ein gesundes Frühstück. Es regt Ihren Verdauungsapparat an und unterdrückt Ihren Appetit auf Süßigkeiten während des Tages.

- Wenn Sie nach dem Mittagessen oft müde werden, dann achten Sie darauf, mittags nichts Schweres oder schwer Verdauliches zu essen, denn das macht Sie noch müder. Verzichten Sie auf Fettes und Gebratenes und wählen Sie stattdessen lieber Salate, Suppen, Gemüse und etwas Fisch, Hähnchen oder Meeresfrüchte.

- Achten Sie darauf, dass Ihr Essen unraffinierte Kohlenhydrate, viel Wasser, etwas Proteine und eine kleine Menge Fett enthält. Vermeiden Sie Nahrungsmittel mit gesättigten Fettsäuren.

- Essen Sie nicht hastig. Wenn Sie aus Ihrem Essen den optimalen Nutzen ziehen wollen, brauchen Sie Zeit zum Entspannen. Essen gehört nicht auf Ihren Schreibtisch. Zwischen zwei Terminen hastig etwas hinunterschlingen ist ungesund, machen Sie aus jedem Bissen also eine kleine Mahlzeit.

- Fühlen Sie sich nicht schuldig, wenn Sie von Zeit zu Zeit gegen diese Regeln verstoßen. Sie sollten aber dafür sorgen, dass diese Verstöße sich am nächsten Tag nicht fortsetzen.

MUNTERMACHER FÜR ZWISCHENDURCH: KOFFEINFREIE ENERGIESPENDER

Abgesehen von Nahrungsmitteln mit hohem Energiegehalt, die für Ihre beständige Energiezufuhr sorgen, können Sie sich zwischendurch zusätzliche Power verschaffen. Wählen Sie frisch zubereitete Fruchtgetränke. Diese bringen Ihnen genau die Energie, die Sie für Ihre Fitness brauchen. Empfehlenswert sind:

- Obst enthält zwar auch Zucker, den sog. Fruchtzucker (Fructose). Doch hat dieser auf den Körper nicht die aufputschende Wirkung wie regelmäßiger Verzehr von raffiniertem Zucker (Glucose). Kohlensäure- und zuckerhaltige Cola-Drinks führen in Zuckerform nur „leere" Kalorien zu. Ihr Körper verbraucht weitere Energie und Nährstoffe, um diesen Zucker aufzuschließen, wobei er aber keine Nährstoffe zurückerhält.

- Obst enthält nicht nur natürliche Süße, die das Verlagen nach Zucker befriedigt, sondern hat auch wichtige Nährstoffe wie z.B. Antioxidantien (Vitamine), die das Immunsystem stärken. Frisch gemixte Fruchtsäfte enthalten auch Ballaststoffe, was Ihrer Verdauung hilft.

- Die Balaststoffe in frisch zubereiteten Fruchtsäften stellen sicher, dass der Fruchtzucker nicht zu schnell ins Blut gelangt. Das liegt an der Pufferwirkung von Ballaststoffen, die die Fruchtzuckerabgabe verlangsamt.

Nachstehend finden Sie einige Rezepte für einfache Fruchtsäfte. Experimentieren Sie auf dieser Grundlage ein bisschen: Sie entdecken dabei vielleicht Ihre Lieblingsmischung.

Bananenshake

250 ml Bio-Joghurt, eine große reife Banane, ein Teelöffel klarer Bio-Honig und ein paar Tropfen Vanille-Aroma im Mixer pürieren. Soll der Shake flüssiger sein, ersetzen Sie den Joghurt durch Milch.

Aprikosenshake

6 frische oder getrocknete (über Nacht eingeweichte) naturbelassene Aprikosen mit 350 ml Bio-Joghurt mixen. Mit einem Klacks Honig abschmecken und nach Belieben mit Milch verdünnen.

Energie-Shake

250 ml fettarme Bio-Milch, 3 oder 4 frische Erdbeeren oder ein geschälter und klein geschnittener Pfirsich, 1/2 weiche Banane und etwas Honig werden gemixt, bis die Konsistenz gleichmäßig dickflüssig ist.

LINKS UND RECHTS: *Kiwis enthalten viel Vitamin C; Erdbeeren sind reich an Kalium.*

ERNÄHRUNGSTIPPS FÜR DIE DREI ENERGIE-TYPEN

Die obigen Ernährungsratschläge gelten für jeden. Doch wenn Sie einem der im ersten Kapitel (Seiten 24–27) beschriebenen Energieprofile am ehesten entsprechen, helfen Ihnen die nachstehenden Tipps, Ihre Ernährung noch besser auf Ihren Körper abzustimmen.

Vata/Phosphor-Typus

Immer zu empfehlen:

- Wärmende dicke Gemüsesuppen
- Schmortopf mit wenig Proteinen
- Nudelgerichte
- Avocados
- Bananen
- Kirschen
- Mangos
- Milchprodukte
- Gekochte warme Gemüsegerichte
- Mit Senf, schwarzem Pfeffer, Zimt, Ingwer und Gewürznelken gewürzte Gerichte

Nur manchmal und in kleinen Mengen:

- Tiefkühlkost
- Stark wasserhaltige Nahrungsmittel (z.B. Gurken)
- Äpfel
- Birnen
- Preiselbeeren
- Sprossen
- Fertiggerichte
- Alkohol

Pitta/Nux Vomica-Typus

Immer zu empfehlen:

- Kühle, wasserhaltige Salate und Gemüse (z.B. Gurken)
- Milch
- Milder Käse
- Weintrauben
- Melonen
- Äpfel
- Süße reife Orangen
- Grünes Gemüse
- Blumenkohl
- Frische Erbsen
- Verdauungsfördernde Gewürze und Kräuter wie Koriander, Kreuzkümmel, Minze und Fenchel

Nur manchmal und in kleinen Mengen:

- Rotes Fleisch
- Alkohol
- Stark gewürztes Essen
- Stark gesalzene Nahrung
- Gebratene und fette Gerichte
- Saure Nahrungsmittel wie Grapefruit oder Heidelbeeren
- Zwiebeln
- Saure Sahne und Joghurt

Kapha/Calcium Carbonicum-Typus

Immer zu empfehlen:

- Leicht verdauliches, eher trockenes Essen
- Salate
- Frisches Gemüse
- Äpfel
- Birnen
- Fisch
- Hülsenfrüchte
- Die meisten Gewürze, besonders aber Cayenne-Pfeffer, Ingwer, Pfeffer, Knoblauch

Nur manchmal und in kleinen Mengen:

- Süßes wie Nachtisch und Eis
- Milchprodukte
- Salziges Essen
- Gebratenes
- Tiefkühlkost
- Bananen
- Melonen
- Süßkartoffeln
- Avocados

RECHTS: *Essen ist mehr als simple Nahrungszufuhr! Denken Sie immer daran, dass Ihre Mahlzeiten schmecken und die Sinne anregen sollen. Entspannter Genuss steigert Ihre Energie.*

4 Körperliche Fitness

Es gibt wohl kaum jemanden, der sich keine Gedanken über seine körperliche Fitness macht. Wellness-Zeitschriften, Werbungen von Fitnessstudios und Fernsehsendungen zu Gesundheit und Leistungsfähigkeit zeigen uns ständig wohl proportionierte, durchtrainierte Körper. Es ist natürlich nicht verkehrt, sich zur Erhaltung der Gesundheit eine gute Kondition anzutrainieren. Doch im folgenden Kapitel wollen wir das Thema körperliche Fitness über den engen Bereich des reinen In-Form-Bleibens hinaus angehen.

Jedes Übungssystem, das wir hier vorstellen, hat unbestritten positive Auswirkungen auf Muskelbildung, körperliche Ausdauer und Elastizität, es bewirkt – konsequent durchgeführt – eine schlankere Figur, erzieht zu besserer Körperhaltung und führt zu einer Verbesserung unserer körperlichen Fitness. Die beschriebenen Trainingsmethoden sind allgemein anerkannt – Sportler aller Disziplinen können bestätigen, wie wichtig sie für Geist, Psyche und Körper sind. Da die vorgestellten Übungen für geistige, emotionale und körperliche Ausgeglichenheit sorgen, sind sie besonders denjenigen zu empfehlen, die negativen Stress effektiv bekämpfen möchten. Darüber hinaus spielen diese Trainingsmethoden eine wichtige Rolle für einen ausgeglichenen Energiehaushalt. Sie steigern geringe Vitalität auf sanfte Weise und reduzieren die nervöse Energie bei denjenigen, denen es schwer fällt, zu entspannen und abzuschalten.

LINKS: *Wenn Sie noch nie Yoga gemacht haben, nehmen Sie als Einstieg an einem Kurs teil.*

Symptome mangelnder Vitalität

Die Kraft und Lebensfreude lässt nicht von heute auf morgen, ohne Vorwarnung, nach, auch wenn das manchmal der Fall zu sein scheint: In einem Moment scheint das Leben reibungslos zu laufen, und am nächsten Tag wirkt alles grau und unerträglich. Normalerweise jedoch macht sich das Gefühl fehlender Vitalität langsam und schleichend breit. An verschiedenen Warn-Symptomen lässt sich gut ersehen, wann es Zeit ist, etwas zu unternehmen:

- Allgemeine Anspannung mit Schmerzen
- Ständige kleinere Infektionen
- Stimmungsumschwünge
- Gleichgültigkeit
- Geringe Motivation
- Schlafstörungen

BEWEGUNG IST WICHTIG

Bewegung ist für einen ausgeglichenen Energiehaushalt unerlässlich. Wir haben im Kapitel über Ernährung schon den Vergleich mit dem Sportwagen bemüht und damit erklärt, warum Ihr Körper hochwertige Nahrung benötigt, um optimal zu funktionieren. Doch das ist nur die halbe Wahrheit. Selbst wenn Sie Ihren Sportwagen mit dem besten Kraftstoff betanken, entleert sich seine Batterie mit der Zeit und die mechanischen Teile fressen sich fest, wenn er nicht gefahren wird. Das gleiche gilt auch für den Körper.

Gelenke und Muskeln profitieren enorm von angemessenen, fordernden Aktivitäten. Wenn man längere Zeit seine Muskeln nicht bewegt hat – z.B. bedingt durch Krankheit oder nach einer Operation –, ist man schockiert, wie rapide die Muskeln ihre Kraft und ihren Umfang verringert haben. Durch die Unsicherheit und Schwäche fühlt man sich müde und erschöpft. Es überrascht, dass der Wiederaufbau der Muskeln viel länger dauert als die Zeit, die man im Bett verbrachte. Das ist natürlich ein extremes Beispiel, doch eine vernachlässigte Muskulatur wirkt sich subtil auch auf Ihre Vitalität und Kraft aus.

Die Muskeln haben auch eine zentrale Funktion für unser Immunsystem, was mit der Bewegung der Lymphflüssigkeit durch die Lymphgefäße und -knoten zusammenhängt. Das Lymphsystem ist ein wesentlicher Teil des Immunsystems. Es filtert Giftstoffe aus und vernichtet sie und unterstützt so den Körper bei der Abwehr von Infektionen.

Damit diese Vorgänge reibungslos und effizient ablaufen können, ist der Körper auf einen ungehinderten Fluss der Lymphflüssigkeit angewiesen. Das Lymphsystem verfügt nicht wie der Blutkreislauf über eine zentrale Pumpe wie das Herz, um die Flüssigkeit in Bewegung zu halten. Das bedeutet, dass der Körper vollkommen auf das Zusammenziehen und Strecken der großen Muskelgruppen in Armen und Beinen angewiesen ist, um die Lymphflüssigkeit gleichmäßig zirkulieren zu lassen. Ständiges Sitzen ist daher kaum geeignet, das Lymphsystem anzuregen. Die Folge einer unzureichenden Lymphzirkulation kann dann ein allgemeines Gefühl der Mattigkeit und Erschöpfung sein.

Für Menschen, die sich körperlich wenig bewegen, besteht auch das Risiko, dass ihr Sauerstoffumsatz durch das Atmen nicht mehr optimal abläuft. Die Atmung ist eine Reflexhandlung – wir müssen also nicht ständig daran denken, dass wir das Atmen nicht vergessen. Die meisten Menschen machen sich auch gar keine Gedanken darüber. Doch auch diese Gedankenlosigkeit kann zu Problemen führen. Lesen Sie mehr hierzu im Kapitel „Energie atmen" auf Seite 79.

Gesteigerte Vitalität ist nicht das einzige positive Ergebnis einer verbesserten Zirkulation der Lymphflüssigkeit. Er wirkt auch auf das Aussehen und somit indirekt auf das Selbstwertgefühl. Die Haut wird reiner und frischer und neigt nicht mehr zu Entzündungen.

LINKS: *Vergessen Sie nicht, dass man nicht nur im Freien Radfahren kann. Heimtrainer machen Sie in Ihren Übungszeiten flexibel.*

DER PREIS FÜR EINE SITZENDE LEBENSWEISE

Abgesehen von den bereits erwähnten Nachteilen entstehen noch andere Probleme, wenn man nur schlaff im Sessel herumhängt. Hierzu zählen hauptsächlich die folgenden:

Körperliche Anspannung

Viele Menschen vergeuden Energie, indem sie ständig ihre Muskeln und Gelenke anspannen – meist ohne es zu bemerken. Sie können anhand der folgenden einfachen Übung selber ausprobieren, wie ermüdend es ist, ständig die Muskeln anzuspannen.

Ballen Sie Ihre Hand zur Faust, wobei Sie gleichzeitig die Muskeln in Unter- und Oberarm anspannen. Atmen Sie dabei normal und halten Sie den Arm ein bis zwei Minuten in dieser Position. Dann entspannen Sie völlig. Sie haben sicher gemerkt, wie wohltuend es ist, den Arm wieder baumeln zu lassen. Nun stellen Sie sich vor, dass eine derartige Anspannung – in geringerem Ausmaß und unbewusst – bei anderen Muskelgruppen besteht, z.B. im Gesicht, auf dem Kopf, in den Schultern und im Rücken.

Hier helfen Übungsmethoden, bei denen bestimmte Muskelgruppen entspannt und sanft wieder gespannt werden, wie Yoga, Tai Chi und Pilates. Sobald Ihnen bewusst ist, wo Sie verspannt sind, und dagegen arbeiten, werden Sie Ihre alte Energie zurückgewinnen, emotional ausgeglichener sowie geistig interessierter und konzentrierter werden.

Stimmungswechsel

Wenn Sie sich oft ohne ersichtlichen Grund „down" oder deprimiert fühlen, profitieren Sie sicher von der ausgleichenden Wirkung regelmäßiger Aerobic-Übungen, die auch Ihr Herz und Ihre Lunge stärken. Regelmäßiges Walking, Radfahren, Tanzen oder Joggen (drei bis vier Mal pro Woche etwa 45 Minuten lang) bewirken eine

Unreine Haut

Ein träger Fluss der Lymphflüssigkeit (vgl. Seite 77) kann zu unreiner Haut führen. Zellulitis ist bedingt durch einen Lymphstau und äußert sich u.a. in „Orangenhaut" an Oberarmen, Gesäß und Schenkeln. Ein schwacher Blutkreislauf und träger Fluss der Lymphflüssigkeit führen fast zwangsläufig zu derartigen Beschwerden.

Zellulitis ist ein Anzeichen dafür, dass der Körper Giftstoffe aus dem Gewebe nicht so gut ausschwemmt, wie es sein sollte. Wenn Sie an Zellulitis leiden, sind Sie aufgrund des langsamen Stoffwechsels sicher auch häufig müde.

Regelmäßiges Üben, bei dem die wichtigsten Muskelgruppen bewegt werden, hilft Ihrem Lymphsystem hervorragend auf die Beine und ist der erste Schritt, Zellulitis loszuwerden. Am besten gehen Sie dabei nach folgendem Plan vor:

- Durch Bürsten regen Sie die Zirkulation der Lymphflüssigkeit an. Verwenden Sie eine langstielige Bürste mit Naturborsten und streichen Sie in langen, geschwungenen Bewegungen vor dem Duschen über den Körper.

- Lange, zu heiße Bäder sind nicht ratsam. Verwenden Sie nur warmes Wasser und bleiben Sie nicht zu lange in der Wanne.

- Duschen Sie sich nach einer warmen Dusche kurz kalt ab. Diese einfache hydrotherapeutische Methode bringt Ihren Körper auf Touren, und fördert die Durchblutung der Haut.

- Verbannen Sie alle Nahrungsmittel aus Ihrem Speiseplan, die Zellulitis begünstigen. Dazu gehören Tee, Kaffee, Alkohol, Sprudelgetränke, gesättigte Fettsäuren und alles, was viel Zucker enthält. Nehmen Sie stattdessen viel Wasser, Früchte- und Kräutertees, frisches Obst, Gemüse und ballaststoffreiche Nahrungsmittel zu sich.

verstärkte Ausschüttung von Endorphinen. Diese sind verantwortlich für die Hochstimmung, in die Sie nach dauerhaftem Fitness-Training versetzt werden. Regelmäßige Aerobic-Übungen sind daher eines der besten Mittel, um emotional ausgeglichen zu bleiben.

Und auch Ihr Selbstvertrauen und Selbstwertgefühl steigt durch regelmäßige Bewegung: Wenn Sie sich frei, geschmeidig, mit Kraft und Leichtigkeit bewegen, stärken Sie Ihre emotionalen und geistigen Energien.

OBEN: *Eine kalte Dusche stimuliert Körper und Geist.*

Energie atmen

Für die meisten Menschen ist das Atmen etwas Automatisches. Schließlich muss man nicht daran denken und scheinbar atmet man mühelos ein und aus. Leider schöpft man nur einen kleinen Teil der Atmungskapazität wirklich aus, was sich bei Anspannung oder Angst noch verschlechtert. Wenn man längere Zeit flach und schnell atmet, kommen Trägheit und Lethargie hinzu und man gähnt häufig, um das Sauerstoff-Kohlendioxid-Ungleichgewicht wieder auszugleichen.

Dem lässt sich zum Glück mit einfachen Atemtechniken abhelfen. Wann immer Sie sich müde, lustlos oder verspannt fühlen, sind diese Übungen eine wertvolle Methode, den Kopf klar zu bekommen und die Energiebatterien wieder aufzuladen. Wenn Sie an Gesundheitsstörungen leiden, sollten Sie vor solchen Übungen allerdings einen Arzt konsultieren.

Atmen durch die Nase

1. Krümmen Sie drei Finger zur Handfläche, so dass nur der Daumen und der kleine Finger gestreckt bleiben.
2. Drücken Sie mit dem Daumen leicht gegen den rechten Nasenflügel, während Sie vier Sekunden lang durch den linken Flügel einatmen.
3. Drücken Sie beide Nasenlöcher für vier Sekunden zusammen, wobei der Daumen in seiner Lage bleibt und der kleine Finger gegen den linken Nasenflügel drückt.
4. Nehmen Sie den Daumen weg und atmen Sie vier Sekunden lang durch das rechte Nasenloch aus.
5. Machen Sie eine kurze Pause, bevor Sie fortfahren und diesmal zuerst durch den rechten Nasenflügel einatmen.
6. Wiederholen Sie die Übung viermal auf jeder Seite.

Ujjayi-Atmung

Mit dieser Basistechnik aus dem Ashtanga-Yoga, können Sie entspannen und Ihren körperlichen Energiezustand ausgleichen.

1. Sorgen Sie dafür, dass Sie ungestört sind und Ihre Umgebung ruhig ist.

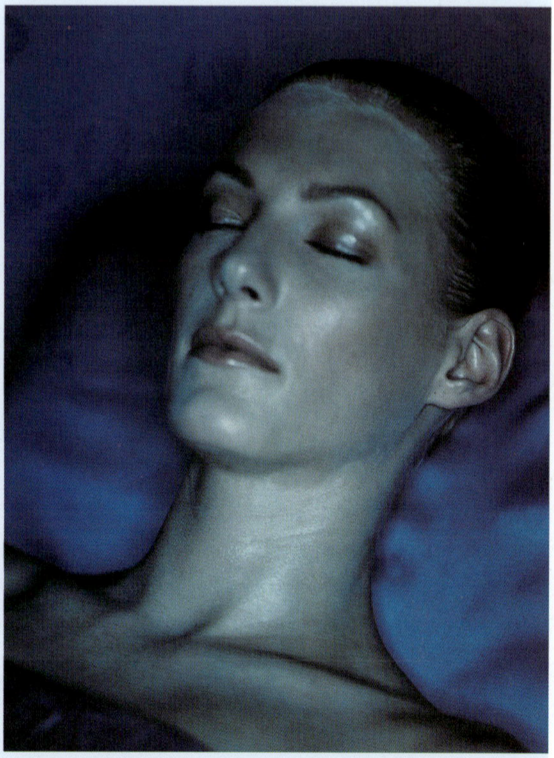

2. Atmen Sie voll ein und konzentrieren Sie sich dabei darauf, die Halsmuskeln um die Kehle zu straffen. Sie sollten beim Einatmen einen weichen, zischenden Laut hören.
3. Atmen Sie sanft und konzentriert aus.
4. Atmen Sie sechsmal auf diese Weise durch und machen Sie dann eine Pause. Wiederholen Sie diesen Zyklus von sechs Atemzügen noch viermal. Zwischen den einzelnen Wiederholungen machen Sie eine kurze Pause.

ENERGIE AUSGLEICHENDE METHODE

Im Folgenden stellen wir Ihnen einige bewährte Bewegungsarten vor, die dafür bekannt sind, dass sie geistige, emotionale und körperliche Energien optimal ausgleichen.

Yoga

Die positiven Effekte regelmäßiger Yoga-Übungen sind allgemein anerkannt. Bessere Fähigkeit zu entspannen, höhere Energiezustände, größere allgemeine Fitness, stärkere Muskeln, größere Beweglichkeit statt steifer Haltung sind nur einige der positiven Veränderungen, die regelmäßige Yoga-Übungen mit sich bringen.

Obwohl man meist nur von Yoga spricht, gibt es eine ganze Reihe Yoga-Ansätze, die sich in ihrer Intensität, in Tempo und allgemeiner Zielsetzung unterscheiden. Hatha-Yoga ist für Anfänger, die ihre Muskeln, Fitness und Flexibilität stärken möchten, im allgemeinen die beste Wahl. Sie lernen bei dieser Form einfache, aber wirksame Atemtechniken, um sich in Schwung zu bringen oder auch um sich zu beruhigen.

Ashtanga-Yoga („Kraft"-Yoga) ist in letzter Zeit populär geworden – wohl weil einige Prominente sich hierfür interessierten. Wer nicht fit ist, sollte die Finger davon lassen, denn es fordert den

Körper extrem. Wer hingegen eine gute Kondition hat und ein System sucht, das Geist und Körper in Einklang bringt und gleichzeitig den Körper stark und schlank macht, findet in Ashtanga-Yoga genau das Richtige.

Yoga bietet einen erfrischenden Kontrast zu den Fitness-Übungen, die in den 1980er Jahren in Mode waren. Beim Yoga wird nicht das Gefühl vermittelt, dass man nur durch Schmerzen gewinnen könne. Im Gegenteil: Wenn es weh tut, lassen Sie es sein, denn sonst besteht ein Verletzungsrisiko. In einem Yoga-Kurs stehen Sie mit niemandem im Wettbewerb – Sie kümmern sich nur um den Fortschritt bei sich selbst.

Anfänger sollten am besten immer einen Kurs belegen, wo Fachleute ihnen die exakten Haltungen beibringen – egal, um welche Yoga-Richtung es sich handelt. Das ist sehr wichtig, denn Sie erzielen den optimalen Nutzen nur dann, wenn Sie die Positionen korrekt einnehmen. Auch sollte man niemals den Sicherheitsaspekt vergessen. Yoga-Übungen sind sehr fordernd; es besteht eine Verletzungsgefahr, wenn man eine Haltung immer wieder falsch ausführt oder sich zu schnell an eine Übung für Fortgeschrittene wagt.

Ein qualifizierter Lehrer sorgt dafür, dass so etwas nicht geschieht. Außerdem gibt er Hilfestellung bei der Einnahme der korrekten Positionen, abhängig vom Erfahrungsgrad des Kursteilnehmers. Falls Sie bestimmte gesundheitliche Probleme haben (z.B. rheumatische Arthritis oder Bluthochdruck), teilen Sie das dem Lehrer direkt zu Beginn mit. Unmittelbar vor und während der Periode sollten Frauen anstrengende Stellungen vermeiden. Sobald man mit den Grundhaltungen vertraut ist, kann man das im Kurs Gelernte zu Hause vertiefen. Doch machen Sie erst dann Übungen auf eigene Faust, wenn Sie sie auch richtig beherrschen.

LINKS: *Es ist nie zu spät, körperlich fit zu werden. Sie müssen nur die für Sie geeignete Bewegungsmethode finden. Vielleicht ist ein Kurs mit Streck- und Dehnübungen für Sie das Richtige.*

Pilates

Pilates-Kurse sind empfehlenswert, wenn Sie nach einer Übungsmethode suchen, mit deren Hilfe Sie die negativen Auswirkungen von geistigem, emotionalem und körperlichem Stress verringern möchten, ohne den Körper zu stark zu beanspruchen. Sie profitieren auch von einem umfassenden und idealen Fitness-Programm, das einen schlankeren Körperbau bewirkt sowie stärkere Muskeln bildet und die Gelenke kräftigt.

Die Pilates-Methode wurde ursprünglich als Physiotherapie in den 1920er Jahren entwickelt, gewann in den letzten Jahren aber wieder zunehmend Popularität. Die Übungen bestehen aus kontrollierten, präzisen Bewegungen, die so abgestimmt sind, dass jeweils bestimmte Muskelgruppen einzeln beansprucht werden. Obwohl die Bewegungen selbst nur geringfügig zu sein brauchen, ist die Wirkung lang anhaltend, so dass man den Eindruck gewinnen könnte, man hätte nach dem Kurs noch hart gearbeitet.

Pilates-Kurse konzentrieren sich darauf, eine Grundstabilität im Rumpf aufzubauen (etwa zwischen Brustkorb und Hüften). Einige Bewegungen werden im Stehen ausgeführt, andere im Liegen auf einer Gymnastikmatte. In manchen Kursen wird darüber hinaus eine spezielle Pilates-Ausrüstung verwendet.

Der Nutzen regelmäßiger Übungen ist erstaunlich vielfältig. Die Beweglichkeit erhöht sich, emotionale und geistige Ausgeglichenheit werden gestärkt, die Muskeln werden kräftiger, die Haltung besser. Die richtige und genaue Durchführung der Bewegungen erfordert viel Konzentration; gleichzeitig muss man auf regelmäßiges und tiefes Atmen achten. Daher können Pilates-Übungen die negativen Effekte von Stress stark reduzieren. Schließlich profitiert man noch von einer Verringerung des Blutdrucks und einer Verlangsamung des Herzschlags.

Tai Chi

Der Ursprung von Tai Chi ist gut erforscht: Dieses System sanfter, koordinierter Bewegungen wurde vor über 1000 Jahren im Fernen Osten als Kampfkunst entwickelt. Die regelmäßige Übung der fließenden Bewegungen kombiniert mit Atemübungen, die Tai Chi charakterisieren, sollen geistige Klarheit und emotionale Ruhe erzeugen, das Selbstvertrauen stärken und die physische Koordination verbessern. Tai Chi ist in der Lage, eine größere Harmonie zwischen Geist, Psyche und Körper zu entwickeln, was nicht zuletzt ausgeglichenen Energiezuständen zugute kommt.

Wenn Sie ständig müde sind, oder aber auch, wenn Sie sich immer high fühlen, kann Tai Chi das Richtige für Sie sein. Diese beiden Extreme können nämlich auf dasselbe Problem zurückgeführt werden: unausgeglichene Energiezustände. Wenn Tai Chi Ihnen zusagt, können Sie durch regelmäßiges Üben Ihre schlummernden Energieströme aktivieren, die nun wieder frei und harmonisch fließen können.

In einem Tai Chi-Kurs lernen Sie eine Reihe von kontrollierten, anmutigen, fließenden Bewegungen, wobei Sie ganz bewusst auf Ihre Atmung achten. Regelmäßige Tai Chi-Übungen lassen die Energie ausgewogen durch den Körper strömen, während gleichzeitig die Muskeln entspannen und die Zirkulation verbessert wird.

Weitere Nutzeffekte von Tai Chi sind stärkere, elastischere Gelenke, biegsame, kräftige Muskeln, eine bessere Körperhaltung und ein stärkeres Gefühl der physischen Ausgeglichenheit. Wenn Sie an stressbedingten Problemen wie Ängstlichkeit leiden, sollten Sie ebenfalls mit Tai Chi beginnen, weil dort ein Schwerpunkt auf gleichmäßigem Atmen liegt. Das ist besonder hilfreich, wenn Sie unter Stress übermäßig stark und schnell atmen. Indem Sie sich Ihrer Atemweise bewusst werden, versetzen Sie sich in einen ruhigeren Geistes- und Gefühlszustand, was Ihnen hilft, Stresssituationen zu bewältigen.

Genau wie bei Yoga ist es ratsam, einen Kurs mit einem qualifizierten Lehrer zu besuchen, um die Grundbewegungen korrekt zu lernen. Wenn man Bewegungen falsch ausführt, hat das einen ungünstigen Effekt auf die ganze Therapie.

Qigong

Qigong ist eine der entspannendsten, am besten Stress mindernden und die Energiebalance fördernden Bewegungsmethoden, die wir kennen. Besonders hilfreich ist es, wenn Sie den Eindruck haben, dass Ihre geistige Energie nachlässt und Sie sich nur schwer konzentrieren können. Regelmäßige Qigong-Übungen helfen Ihnen bei geistiger Konzentration, so dass Ihr Kopf klarer wird und Sie sich tatsächlich konzentrieren können, wenn es notwendig ist.

Qigong lehrt Sie, regelmäßig und tief zu atmen, während Sie langsam und wiederholt eine Reihe fließender Bewegungen durchführen. Bei diesen Bewegungen sollten Sie sich geistig konzentrieren, damit Sie während der Übungen nicht von anderen Gedanken abgelenkt werden. Sobald Sie mit den Bewegungen vertrauter sind, verbessern sich Ihr Energiezustand und Ihre Gesundheit und Ihr Körper wird mit leichten Infektionen besser fertig. Qigong hat offensichtlich eine günstige Wirkung auf das Immunsystem des Körpers. Außerdem werden physische Koordination und Fitness durch regelmäßiges Üben gesteigert.

Sie können Qigong in Einzelstunden bei einem chinesischen Lehrer lernen, vielleicht gibt es in Ihrer Gegend aber auch Kurse mit kleiner Teilnehmerzahl. Versuchen Sie nicht, allein nach einem Buch zu lernen! Es ist unwahrscheinlich, dass Sie davon viel profitieren, wenn Sie diese Methode nicht peinlich genau durchführen; auch könnten Sie sich verletzen, wenn Sie sich nicht genau darüber im Klaren sind, was Sie tun.

RECHTS: *Tai Chi und Qigong sind anmutige und ruhige Bewegungssysteme, mit deren Hilfe Sie sich konzentrieren und Ihre allgemeine physische Koordination verbessern können.*

ÜBUNGEN FÜR SCHLAFFIS

OBEN: *Lassen Sie sich nicht abschrecken, wenn Sie schon immer unsportlich waren. Wählen Sie etwas, das Ihrer derzeitigen Kondition entspricht.*

Dieses Kapitel ist für den absoluten Anfänger gedacht. Es berücksichtigt daher besonders die Fehler, die ganz zu Anfang gemacht werden können. Einsteiger sollten sich zu Beginn ein sehr einfaches, realistisches Ziel setzen – so steigt die Wahrscheinlichkeit, dass man auf dieser Basis auch weitermacht und Fitness zum regelmäßigen Tagesordnungspunkt wird.

SCHRITT FÜR SCHRITT ZUM ZIEL

Das größte Hindernis, das einem effektiven Fitness-Programm im Wege steht, ist die Tendenz, zu viel des Guten zu tun. Wenn Sie gerade erst mit den Übungen begonnen haben, erliegen Sie nicht der Versuchung, die verlorene Zeit durch zu viel Training aufzuholen. Sie kapitulieren dann viel eher beim ersten Hindernis anstatt zielstrebig weiterzumachen. Überlegen Sie sich, wie viel Zeit Sie für die Übungen zur Verfügung haben, und halten Sie sich an Ihre Vorgabe.

Das gleiche gilt für Ihre physische Kondition. Es wäre naiv zu glauben, man könnte einen Marathon nach einigen Wochen Training laufen, wenn man vorher nie gejoggt ist. Wenn Sie langsam beginnen und sich dann beständig steigern, wird Ihr Fitness-Programm viel eher zur lebenslangen Gewohnheit. Vermeiden Sie also einen Schnellstart! Nur langfristige Ziele versprechen einen nachhaltigen Erfolg.

Temperament und Vorliebe

Manchem drängt sich vielleicht der Eindruck auf, diese Fitness-Programme seien eine Modeerscheinung und es gehe gar nicht darum, ob es einem tatsächlich hilft und Freude bereitet. Wenn Sie diese Einstellung haben, ist es natürlich nur eine Frage der Zeit, bis Sie immer mehr Entschuldigungen finden, nicht mehr zu einem Kursabend zu gehen. Es ist daher wichtig, dass Sie mit Spaß und Freude bei der Sache sind und eine für Sie persönlich geeignete Methode wählen. Es wäre unsinnig, mit zusammengebissenen Zähnen einen Tai Chi-Kurs zu erdulden, wenn Sie sich dabei langweilen. Andererseits bietet etwas Ungewohntes immer eine Chance, und vielleicht gefällt Ihnen die Sache schließlich doch besser, als Sie am Anfang für möglich gehalten haben.

Allein oder in der Gruppe?

Sie haben sicher bemerkt, dass die meisten beschriebenen Bewegungsmethoden die regelmäßige Teilnahme an einem Kurs erfordern, um den gewünschten Erfolg zu garantieren. Wenn Sie gerne in einer Gruppe sind, ist das ganz toll, und allein die Gruppendynamik ist für Sie schon hilfreich. Vielleicht üben Sie jedoch lieber für sich, mit Hilfe eines Videos, oder haben keine Zeit für eine Kursteilnahme oder möchten zu anderen Zeiten aktiv werden. Wenn das der Fall ist, sollten Sie trotzdem so lange an einem Kurs teilnehmen, bis Sie alle Bewegungen korrekt beherrschen. Dann können Sie allein weiterüben.

Starten Sie durch!

Selbst wenn Sie Ihr ganzes Leben unsportlich gewesen sind, lassen Sie sich nicht abschrecken! Glücklicherweise müssen Sie nicht an Wettkämpfen teilnehmen: Alles ist ausschließlich für Sie. Sie vergleichen nur Ihre neuen Leistungen mit Ihren alten – was andere schaffen, hat für Sie keine Bedeutung. Vielleicht hat es Sie abgeschreckt, wie radikal man in den 1980er Jahren Fitness-Programme durchführte. Obwohl die hier vorgestellten Methoden eine Herausforderung darstellen, führen sie weder zu Verletzungen noch verursachen sie Schmerzen. Im Gegenteil: Sie fühlen sich nach einer Sitzung revitalisiert, ausgeglichen, klar im Kopf und entspannt.

Optionen für Problemfälle

Hier finden Sie die am besten geeigneten Bewegungsmethoden aufgelistet, wenn Sie eine der folgenden physischen Probleme haben:

Allgemeine Steifheit und wenig Beweglichkeit

- Yoga
- Pilates
- Tai Chi

Enge, verspannte Muskeln

- Qigong
- Tai Chi
- Yoga
- Pilates
- Entspannungstechniken

Allgemein mangelnde Fitness

- Radfahren
- Joggen
- Seilspringen
- Tanzen
- Schwimmen
- Walking
- Gymnastik an Apparaten, um die kardiovaskuläre Fitness zu steigern

ÜBUNGEN FÜR DAS PERSÖNLICHE ENERGIEPROFIL

Die bisherigen allgemeinen Vorschläge sind natürlich auch gültig, wenn es um die konkrete Entscheidung geht, mit welcher Übungsmethode man seine Energie und Vitalität verbessern möchte. Die nachstehenden Informationen sollen Ihnen helfen zu entscheiden, welche Art der Körperbewegung am besten zu Ihrem persönlichen Energieprofil passt.

Vata/Phosphor-Typ

Für diesen Typ kann Motivation ein echtes Problem darstellen, doch aus anderen Gründen als beim Kapha/ Calcium Carbonicum-Typ (siehe nächste Seite). Wenn Sie ein Vata/ Phosphor-Typ sind, neigen Sie zu einem schnellen Energieverbrauch. Das resultiert in einer schlanken Figur, weshalb die Motivation abnimmt, etwas für den eigenen Körper zu tun. Dieser Typ kann auch Probleme mit der Ausdauer haben, so dass er ein Fitness-Programm vielleicht mit viel Enthusiamus angeht, nach kurzer Zeit jedoch das Interesse verliert.

Die idealen Übungen für Vata/Phosphor-Typen vermitteln ein Gefühl von Verwurzelung, Konzentration und Ausgeglichenheit. Geeignet sind folgende Betätigungen:

- Walking
- Yoga
- Tai Chi
- Radfahren
- Tanzen
- Pilates

Pitta/Nux Vomica-Typ

Ein allgemeines Fitness-Programm, das eine beruhigende Wirkung hat, ist die beste Wahl für diesen Energie-Typ. Zu stark beanspruchende Übungen sollten vermieden werden, denn ein solcher Druck führt bei Pitta/Nux Vomica-Typen

nur zu noch mehr Anspannung. Wenn dies eintritt, ist ein neues Fitness-Programm nur ein weiterer Stressfaktor in einem sowieso schon stressigen Leben. Für Pitta/Nux Vomica-Typen sind folgende Methoden geeignet:

- Yoga
- Alexander-Technik (obwohl dies eigentlich kein Übungssystem ist, kann diese Technik Haltungsschäden, die die körperliche, geistige und emotionale Anspannung verstärken, ausmachen)
- Tai Chi
- Schwimmen

Kapha/Calcium Carbonicum-Typ

Anregung und nicht Entspannung ist bei diesem Energieprofil der Schlüssel zu besserer Gesundheit und Vitalität. Das gilt ganz besonders für die Art der Übungen, von denen dieser Typ am meisten profitiert.

Für Kapha/Calcium Carbonicum-Typen ist die mangelnde Motivation das größte Hindernis für ein Fitness-Programm. Doch sobald die Energie infolge regelmäßiger Übungen zunimmt, steigt die Motivation weiterzumachen. Geeignete Übungen umfassen:

- Schnelles Walking
- Joggen – wenn Sie bislang nie gejoggt haben, beginnen Sie langsam und steigern Sie sich allmählich
- Wassergymnastik
- Gymnastik zur Reduzierung des Körpergewichts und Verbesserung der kardiovaskulären Funktionen, nur unter Aufsicht, um Verletzungen zu vermeiden
- Radfahren
- Schwimmen
- Kickboxen
- Tanzen

LINKS: *Übung fördert die Entspannung.*
UNTEN: *Gönnen Sie Ihren Körper nach einer anstrengenden Übung eine Pause.*

Sicherheit zuerst

Egal, welcher Typus Sie sind: Beachten Sie immer die nachstehenden Tipps:

- Nie mit vollem Magen üben, sondern nach einer Mahlzeit einige Stunden warten.
- Nie mit anstrengenden Bewegungen beginnen. Die Muskeln müssen sich erst erwärmen. Dazu machen Sie ein paar Dehn- und Streckübungen.
- Nie plötzlich aufhören, sondern den Körper langsam entspannen und sich nicht sofort auf die nächste Aktivität stürzen.
- Üben Sie nicht, wenn Sie sich irgendwie unwohl fühlen, ganz besonders dann nicht, wenn Sie stark erkältet sind oder einen Virusinfekt mit Fieber haben.
- Wenn etwas während der Übung weh tut, hören Sie sofort auf. Das gleiche gilt bei zu schnellem Herzschlag und Schwindelgefühl. Treten solche Phänomene häufig oder heftig auf, konsultieren Sie einen Arzt und versuchen Sie nicht, allein dagegen anzukämpfen.

5 Wache Sinne

Wenn Sie ganzheitliche Heilmethoden anwenden, werden Sie die Bedeutung Ihrer unmittelbaren Umgebung für die Anregung und Unterstützung optimaler Vitalität und guter Gesundheit immer mehr schätzen lernen. Sie können diese Faktoren beeinflussen, indem Sie Ihre Ernährung verbessern und regelmäßige Entspannungsübungen machen. Falls Sie in einer Energie raubenden oder sogar ungesunden Umgebung leben, haben Sie jedoch eine schwierigere Aufgabe vor sich, als wenn Ihre Umgebung bereits harmonisch ist.

Doch machen Sie sich deshalb keine Sorgen. Es ist weder teuer noch zeitaufwendig, sich eine ausgeglichene, Energie fördernde Atmospäre zu schaffen. Machen Sie sich bewusst, welche einfachen, praktischen Änderungen nötig sind, die großen Einfluss darauf haben, ob Sie sich inspririert oder mutlos, schwungvoll oder schlapp fühlen. Sobald Sie herausgefunden haben, was Sie ändern müssen – und das ist bei jedem von uns etwas Anderes, je nach individuellen Vorlieben und Temperament –, gehen Sie motiviert und zielstrebig daran, Ihre Umgebung umzugestalten.

LINKS: *Wenn Sie sich an einem bestimmten Ort entspannt fühlen, rufen Sie sich dieses Bild immer dann ins Gedächtnis, wenn Sie Visualisierungsübungen machen.*

ENERGIE UND PERSÖNLICHE UMGEBUNG

Bestimmte Faktoren der Außenwelt bewirken, dass wir uns ruhig, ausgeglichen und vital fühlen, während andere eher Niedergeschlagenheit, Unbehagen oder Erschöpfung hervorrufen. Überlegen Sie, wie groß der Unterschied zwischen einer Waldlandschaft und einem Industriegebiet ist. Neben dem visuellen Aspekt, haben auch Geräusche und Gerüche Einfluss darauf, ob wir uns ruhig oder mutlos fühlen.

Dies hängt stark von der individuellen Veranlagung ab. Der eine ist im Gebirge voller Schwung, der andere fühlt sich hier unwohl. Für die meisten von uns ist die Natur gleichermaßen anregend und beruhigend, doch manche fühlen sich in einem Wald eher eingeschlossen. Ganz egal, wo Sie sich am wohlsten fühlen – tanken Sie neue Energie, indem Sie sich regelmäßig in einer Umgebung aufhalten, in der Sie sich wohlfühlen.

Es ist nicht schlimm, wenn Sie nicht immer die Zeit haben, um an einen besonders angenehmen Ort zu kommen. Stellen Sie sich diesen Lieblingsort immer dann vor, wenn Sie sich gestresst fühlen. Denken Sie sich, Sie machten eine Art visuellen – oder virtuellen – Urlaub.

PRAKTISCHE TIPPS

Sie haben sicher nicht immer die Möglichkeit, Ihre unmittelbare Umgebung selbst zu gestalten. Der Wohnort hängt oft von der Arbeitsstelle ab und nicht von persönlichen Präferenzen. Doch haben Sie die Möglichkeit, in Ihren eigenen vier Wänden zu gestalten. Unten finden Sie einige praktische Vorschläge, wie Sie eine energetisch ausgeglichene und ansprechende Atmosphäre schaffen. Um die Sache einfach zu gestalten, unterteilen wir unsere Vorschläge in die fünf Sinnesbereiche.

Licht und Farbe

Die Farben unserer Umgebung beeinflussen unsere Stimmung. Einige Farbtöne vermitteln eine positive und gehobene Stimmung, andere machen uns lustlos und träge – vielleicht ohne dass uns dieser Zusammenhang bewusst ist. Auch Licht und Dunkelheit spielen eine große Rolle. Wer nicht regelmäßig Sonnenlicht tankt, wird deprimiert und unmotiviert. Dies kann in einer saisonal abhängigen klinischen Depression ausarten. Folgende Tipps helfen Ihnen, sich ein positives energetisches Gefühl zu verschaffen:

- Beleuchten Sie Ihre Wohnung so, dass eine entspannte oder anregende Stimmung entsteht, je nach Wunsch. Es gibt spezielle Glühbirnen, die ein dem Tageslicht ähnliches Licht ausstrahlen.
- Wenn Sie sich morgens träge fühlen und das Aufstehen zu einem ständigen Kampf wird, lassen Sie sich auf eine sanfte Art wecken und nicht durch schrille Klingel- oder Pieptöne – z.B. durch sanfte Musik.
- Wenn Sie im Winter unter Depressionen leiden, Ihr Energiezustand niedrig und Ihre Vitalität geschwächt ist, gönnen Sie sich ein gutes Tageslicht-Beleuchtungssystem, um in Schwung zu bleiben.
- Verwenden Sie Farben gezielt, um die Stimmung zu heben und emotional ausgeglichen zu bleiben. Die nachstehenden Farbtipps gelten für Ihre Möblierung, Zimmerwände und auch Ihre Kleidung.

OBEN: *Der Winter ist für manche Menschen eine eher deprimierende Jahreszeit.*

- **Rot** wirkt anregend, vitalisierend und leidenschaftlich. Folglich sollten Sie mit Rot nicht zu großzügig umgehen, weil sonst ein überstimulierender, ermüdender Effekt eintritt. Kleine rote Flächen im Schlafzimmer sind vielleicht gerade für Sie das Richtige.
- **Orange** weckt Vertrauen, Vitalität und gemeinschaftliche Gefühle.
- **Gelb** hat revitalisierende, aufbauende Wirkung.
- **Grün** kann Stimmungen ausgleichen, Gefühle anregen sowie Harmonie und Ruhe fördern.
- **Blau** ist wohl die entspannendste Farbe, ohne dass es schläfrig macht.
- **Indigo** oder **Dunkelblau** sollte man wegen seiner Intensität eher sparsam einsetzen. Ein zurückhaltender Gebrauch dieser Farben (vielleicht als Kissen- oder Überdeckenfarbe) wirkt jedoch sehr angenehm im Schlafzimmer oder in Räumen, in denen eine stark entspannende, meditative Wirkung vorhanden sein soll.

Geräusche

Viele Menschen sind täglich von unerwünschtem, scheußlichem Lärm umgeben, der unbewusst herausgefiltert werden muss, damit man ihn überhaupt ertragen kann. Meist stammt dieser Lärm von Autoverkehr, Telefonen, lauten Stimmen, Flugzeugen und Baustellen. Wenn man ständig dieser ungewollten Geräuschkulisse ausgesetzt ist, gerät man bald unter nervliche Anspannung und wird erschöpft und gestresst, vielleicht ohne sich dessen bewusst zu sein. Der Umgebungslärm lässt sich nicht einfach abstellen, also müssen Sie darauf achten, dass Sie zum Ausgleich so oft wie möglich eine angenehme Geräuschkulisse um sich haben.

- Musik hat besondere stimmungsändernde oder -verstärkende Eigenschaften, was Ihnen fast immer hilft. Wenn Sie sich „down" fühlen, hören Sie Ihre Lieblings-CD an – und bald fühlen Sie sich viel positiver gestimmt. Manchmal wollen Sie vielleicht ruhige klassische Musik hören, zu anderen etwas Romantisches, die Sinne Ergreifendes. Experimentieren Sie mit neuen Musikrichtungen, damit Sie nicht in eine Musikroutine geraten. Neue Stilrichtungen oder Musiker zu hören, kann viel Spaß machen.

- New Age oder klassische Musik sind nicht die einzigen Möglichkeiten, die Ihnen emotionale Harmonie und Ausgeglichenheit verschaffen. Vielleicht ist völlige Stille genau das, was Sie brauchen.

- Windspiele erzeugen einen sanften, ätherischen Klang. Außerdem sind sie nicht teuer. Es gibt sie in allen möglichen Klangarten und Größen von ganz einfachen bis zu verschrobenen, skurrilen Formen.

- Das Geräusch von fließendem Wasser kann beruhigend oder anregend wirken, je nach augenblicklicher Stimmungslage. Im Garten, auf der Veranda oder der Terrasse und sogar in der Wohnung lassen sich Wasserspiele installieren. Denken Sie an die Sicherheit von Kindern und kleinen Tieren, wenn Sie sich für einen größeren Zimmerbrunnen in der Wohnung entscheiden.

UNTEN: *Das sanfte Geräusch von plätscherndem Wasser hat eine wunderbar beruhigende Wirkung.*

Gerüche

Parfüm und Duftstoffe haben eine starke Wirkung auf unsere Stimmungen und Gefühlslagen. Gleichzeitig sind sie sehr sinnträchtig. Der unerwartete Hauch eines bestimmten Aromas kann eine lebhafte Erinnerung hervorrufen. Besondere Gerüche stimmen uns wehmütig, euphorisch, krank vor Heimweh, froh oder wie von Sinnen, je nachdem, was wir mit ihnen assoziieren. Am besten lassen sich Düfte, die unsere Stimmung beeinflussen, in Form von ätherischen Ölen verbreiten. Diese Öle sind hochkonzentriert, so dass nur wenige Tropfen genügen, die man in einem handelsüblichen Aromalämpchen verdunsten lässt und so im Raum die gewünschte „Duft-Stimmung" erzeugt.

- **Zitrusöle** wie Grapefruit, Zitrone und Orange wirken erfrischend und stressmindernd.
- **Rosmarinöl** macht den Kopf klar, wenn Sie sich benommen fühlen. Ihm wird auch eine aphrodisierende Wirkung zugeschrieben.
- **Pfefferminzöl** ist bekannt für seine anregende Wirkung.
- **Petitgrainöl** hat ein erfrischendes Aroma, das stressbedingte Symptome wie Schlafstörungen und nervöse Erschöpfung lindert.
- **Lavendelöl** hat eine aufbauende, beruhigende und erfrischende Wirkung.
- **Muskatellersalbeiöl** wirkt stimmungsausgleichend, belebend oder auch entspannend. Außerdem soll es die Libido anregen.
- **Geraniumöl** hat einen süßen, leicht minzartigen Duft. Es erfrischt und belebt, wenn Sie sich matt und erschöpft fühlen.

RECHTS: *Stimmen Sie den Duft ätherischer Öle auf Ihre Stimmungslage ab.*

Selbst gemachtes Raumspray

Ein natürliches, erfrischendes Raumspray lässt sich leicht herstellen, indem man wenig ätherisches Öl in einen kleinen Blumenbestäuber gibt. Etwa 18 Tropfen Öl kommen auf eine halbe Tasse (125 ml) Leitungswasser. Dieses Spray kann immer dann verwendet werden, wenn der Geruch im Zimmer nicht besonders einladend ist . Probieren Sie eine der folgenden Kombinationen:

- Drei Tropfen Geranium-, drei Tropfen Petitgrain- und je fünf Tropfen Zitronen- und Bergamotteöl
- Sechs Tropfen Lavendel-, vier Tropfen Pfefferminz- und fünf Tropfen Muskatellersalbeiöl

Berührungen

Körperberührungen gehören zu den sinnlichsten Freuden, die wir genießen. Nach der Berührung durch eine Person, die wir lieben und der wir vertrauen, fühlen wir uns behaglich, eng verbunden oder erregt. Doch gerade in Stresssituationen, bei Anspannung oder Müdigkeit messen wir diesem viel zu wenig Bedeutung bei. Wenn Ihnen die Dinge aus dem Ruder laufen, kann es passieren, dass jeder Körperkontakt schwer fällt. Das führt schließlich zu Vereinsamung, Schuldgefühlen und einem Gefühl des Abstands von den Menschen um uns herum.

Zum Glück gibt es einen Ausweg aus dieser Situation. Sie müssen nur bewusst den Kontakt wieder aufbauen. Sobald Sie dies angehen, fühlen Sie sich schwungvoll und befreit und können mit Partner oder Partnerin wieder Gefühle austauschen. Sie benötigen nur den guten Willen, genug Zeit und etwas Fantasie.

- Man verfällt leicht in die Gewohnheit, den Partner nur beim intimen Verkehr zu berühren. Dadurch verlieren wir auf die Dauer das Gefühl der körperlichen Nähe. Wenn Sie beobachten, wie spontan Kinder sich berühren und wie offen Sie Zuneigung bekunden, wird Ihnen vielleicht klar, dass Sie die Fähigkeit zu Körperkontakten verloren haben. Hände halten, Umarmungen oder ein um die Schulter gelegter Arm können mehr ausdrücken, als viele Worte es vermögen.

- Genug Zeit füreinander ist ein absolutes Muss, wenn wir Liebe und Gefühle füreinander ausdrücken wollen. Wie viele von uns hören aus Zeitdruck nur halb auf das, was der Partner sagt, weil wir die Kinder versorgen müssen oder an eine schwierige Aufgabe des kommenden Arbeitstages denken? Doch lässt sich das Problem einfach lösen: Wir müssen uns nur angewöhnen zuzuhören. Beobachten Sie einmal das Verhalten eines frisch verliebten Paares. Sie berühren sich nicht nur, sie suchen auch häufigen Augenkontakt und hören dem anderen zu. Zuzuhören und angehört zu werden bleiben bei einer langen Beziehung oft auf der Strecke, wenn wir nicht darauf achten. Wir müssen uns dann von neuem darum bemühen, um auch die sinnlichen Freuden tiefer Verbundenheit und Verständigung zu genießen.

- Schlafen Sie am Tagesende nicht einfach deshalb miteinander, weil das eine Gewohnheit geworden ist. Die einen haben vielleicht richtig Lust darauf, doch andere wollen zu diesem Zeitpunkt am liebsten einfach nur einschlafen. Suchen Sie sich mit etwas Fantasie die für Sie beide beste Tageszeit, wenn Ihre Energiespiegel hoch sind. Sie benötigen schon einige Vitalität, wenn Sie dem anderen nicht einfach nur etwas vorspielen wollen.

OBEN: *Berührungen sind die unmittelbarste und intimste Form der Kommunikaltion.*

- Eine sinnliche Massage kann eine kraftvolle, direkte Art sein, sich mit dem Partner auszutauschen. Lassen Sie sich hierfür viel Zeit, schieben Sie alles andere beiseite und sorgen Sie dafür, dass das Zimmer angenehm warm ist. Die Beleuchtung sollte sanft und fantasievoll sein: Duftkerzen schaffen eine angenehme Stimmung. Es macht nichts, wenn Sie von Massage nicht viel verstehen. Es ist viel wichtiger zu beobachten, wie Ihr Partner reagiert. Verwenden Sie Massageöl, damit Ihre Hände besser und gleichmäßiger über den Körper des anderen gleiten. Geeignete Mischungen gibt es im Handel. Sie können aber auch selbst ein Massageöl zusammenstellen, indem Sie sechs Tropfen Ylang Ylang- oder Sandelholzöl mit vier Teelöffeln eines neutralen Öls als Basissubstanz mischen. Wärmen Sie das Massageöl vor der Anwendung mit den Händen, damit es nicht zu kalt auf den Körper des Partners tropft.

- Verbessern Sie Ihre Sensibilität, indem Sie auf alle Empfindungen achten, die Sie sonst automatisch hinnehmen. Das kann so etwas Simples sein wie in frische Bettwäsche zu kriechen und weichen Stoff auf der Haut zu spüren.

- Hin und wieder eine Ganzkörpermassage durch einen ausgebildeten Masseur kann sehr entspannend sein. Stress wird dabei abgebaut, Muskelverspannungen werden gelöst. Das ist besonders dann wichtig, wenn Sie allein leben und sich isoliert und einsam fühlen. Falls derartige Behandlungen Ihnen zu lange dauern oder Ihren finanziellen Rahmen sprengen, entscheiden Sie sich für Nacken-, Schulter- und Rückenmassagen.

Geschmack

Über die Energie spendenden und Vitalität verleihenden Eigenschaften von Nahrungsmitteln haben wir schon in Kapitel 3 (Seite 54–73) gesprochen. Trotzdem sind noch einige zusätzliche Tipps angebracht, die den Geschmack und die Konsistenz der Nahrung betreffen.

- Es mag banal klingen – doch lassen Sie sich Zeit, um den Geschmack jeder Mahlzeit zu genießen. Ein Sandwich auf die Schnelle oder Fertiggerichte vor dem Fernseher mit einer Dose Cola hinunter zu schlingen bringt Ihnen gar nichts. Eher bekommen Sie davon Verdauungsprobleme und Sodbrennen. Wenn Sie sich auf etwas anderes konzentrieren, kauen Sie Ihr Essen nicht lange genug und essen aufgrund der Ablenkung mehr, als Sie sollten. Wenn Sie sich hingegen die Zeit nehmen, sich zu einer Mahlzeit an einen Tisch zu setzen und auf den Geschmack zu achten, macht Ihnen das Essen viel mehr Freude und es erleichtert Ihrem Verdauungsapparat die Arbeit.

- Nehmen Sie sich Zeit, schon bei der Essenszubereitung etwas für die Augen zu tun und auf die verschiedenen Aromen zu achten. Abgesehen von der sinnlichen Freude hilft dies auch Ihrem Verdauungsapparat. Dieser wird durch Enzyme aktiviert, die entstehen, wenn Ihnen das „Wasser im Mund" zusammenläuft. Freuen Sie sich also an Duft und Aussehen der Essenszutaten, denn die Verdauung beginnt schon, bevor Sie den ersten Bissen in den Mund schieben.

- Essen kann andererseits ein emotionales Minenfeld sein, wenn Sie statt Freude am Essen Schuldgefühle oder Maßlosigkeit entwickeln. Das ist besonders dann der Fall, wenn Sie glauben, Essen mache dick oder sei gefährlich. Wer auf Kosten einer gesunden Freude am Essen abnehmen möchte, entwickelt ein gestörtes Verhältnis zur Nahrungsaufnahme. Achten Sie stattdessen lieber auf gesunde Zutaten (ballaststoff- und kohlenhydratreich, frisches Obst und Gemüse, wenig Proteine, viel Wasser). Dadurch stabilisieren Sie Ihr Gewicht auf natürliche Weise und sorgen für einen nachhaltigen Energiehaushalt. Vermeiden Sie vor allem modische Abmagerungskuren. Damit zerstören Sie Ihre natürliche Freude am Essen und verlieren auf lange Sicht doch nicht an Gewicht.

RECHTS: *Essen kann ein sinnliches Vergnügen sein, wenn man sich genügend Zeit lässt.*

Energetische Fallstricke

Wenn Sie unter Druck stehen, drohen Ihnen mit Sicherheit einige Fallen. Die folgenden Ratschläge sollen Ihnen helfen, wenn Sie sich träge fühlen und Schwung in die Dinge bringen wollen.

Schaffen Sie Ordnung

Nichts ist so destruktiv wie das Gefühl, sich vor einer Unzahl von Aufgaben zu sehen, die man schon ewig vor sich her schiebt: Papierstapel auf dem Arbeitstisch, Berge von Klamotten, die man längst aussortieren wollte, Durcheinander auf dem Fußboden – all das vermittelt das Gefühl, man habe die Kontrolle verloren. Stellen Sie sich aktiv den Dingen, die Sie schon längst erledigen wollen, und Sie erfahren einen ganz neuen Schwung und Vitalität. Vielleicht wollen Sie jetzt alles auf einmal erledigen – wenn Sie sich dem gewachsen fühlen, sind Sie wohl der Typ, der bei leichtem Druck zu Hochform aufläuft. Vielleicht wollen Sie aber auch alles langsam, aber stetig abarbeiten. Egal, was Ihnen mehr liegt: Machen Sie sich von überflüssigen Dingen und Ballast frei, lassen Sie nichts herumliegen, sonst ärgern Sie sich ständig mit überflüssigem Kram herum. Aus Sicht der Feng Shui-Lehre ermöglichen Sie, indem Sie sich von Ballast befreien, einen Energiefluss durch Ihren Körper, der Sie in völlig neue Richtungen bringen kann.

Elektrogeräte

Falls Sie beim Aufwachen ständig müde sind, sollten Sie einmal überprüfen, wie viele elektrische Apparate Sie im Schlafzimmer stehen haben. Vielleicht ist der Raum überladen mit Fernseher, CD-Player, elektrischem Wecker, Heizkissen und anderen Geräten, deren elektromagnetische Felder stören. Verbannen Sie alle unnötigen Geräte aus dem Schlafzimmer. Statt zu einem Heizkissen können Sie zur guten alten Wärmflasche greifen, und fernsehen können Sie auch in einem anderen Raum. Fernsehen im Bett kann aufgrund der ungünstigen Haltung zu spannungsbedingten Kopfschmerzen und schlechtem Schlaf führen, besonders wenn das Programm zu aufregend ist.

Bringen Sie sich in Balance

Wenn Sie unter Druck stehen, vergessen Sie leicht, dass Sie sich um Ausgewogenheit im Leben bemühen müssen. Gerade wenn Sie besonders hart arbeiten, müssen Sie auch Zeit zum Entspannen finden, um frische Energie aufzutanken und dynamisch zu bleiben. Was Sie in dieser Zeit machen, ist nebensächlich. Vielleicht ziehen Sie spezielle Entspannungstechniken vor, wie sie im nächsten Kapitel beschrieben werden, vielleicht wollen Sie lieber ganz spontan etwas unternehmen und gewinnen so frische Energie zurück. Es ist einzig eine Frage des Geschmacks; hilfreich sind alle Methoden. Nehmen Sie ein entspannendes Bad mit ätherischen Ölen, machen Sie einen langen Spaziergang durch den Wald oder am Strand, gehen Sie ins Kino, treffen Sie sich mit Freunden oder gehen Sie früh zu Bett und lesen ein gutes Buch. Die Hauptsache ist, dass Sie genug Zeit finden, Ihre Batterien neu aufzuladen.

Vor allem fühlen Sie sich niemals schuldig, wenn Sie sich Zeit für sich selbst nehmen. Sie hängen nicht müßig herum, sondern tun etwas für Ihre körperliche, seelische und geistige Ausgeglichenheit.

LINKS: *Nehmen Sie sich Zeit, bauen Sie neue Energie auf und stärken Sie Ihr Wohlbefinden.*

6 Klarer Geist

So wie Sie Ihren Körper mit gesunder Nahrung versorgen und mit regelmäßigen Übungen in Schwung halten, sollten Sie auch auf emotionale Ausgeglichenheit achten, wenn Sie voller Energie und Vitalität sein möchten.

Gefühle wie Ärger, Ängstlichkeit oder Traurigkeit können Sie viel Energie kosten, ohne dass Sie es merken, und versetzen Sie die meiste Zeit in einen Erschöpfungszustand oder auch in eine gereizte Stimmung. Wenn Sie diese Gefühle unterdrückt haben, stellen Sie fest, dass Sie bei den kleinsten Anlässen überreagieren. Dies kostet wiederum kostbare Energie und verstärkt nur Ihr Grundgefühl der Erschöpfung.

Auch wenn Ihnen dieses Szenario bekannt vorkommt, lassen Sie den Mut nicht sinken. Es gibt einfache Techniken, mit deren Hilfe Sie die meisten geistigen und emotionalen Energiekiller ausschalten können. In diesem Kapitel lernen Sie einige sehr praktische und unkomplizierte Techniken kennen, die Sie bei der Befreiung aus dieser emotionalen Zwangsjacke unterstützen. Im nächsten Kapitel (Seite 110–123) stellen wir Ihnen außerdem einige alternative medizinische Therapien vor, die diese Bemühungen verstärken können.

LINKS: *Innere Stärke ist in uns allen vorhanden. Wir müssen nur den Zugang finden.*

VERBANNEN SIE DIE VIER ENERGIEKILLER

Depressionen

Depressionen sind mit die destruktivsten Einflüsse in unserem Leben. Sie verursachen Symptome wie Erschöpfung, negatives Denken, Motivationsmangel und Verzweiflung. Stärke und Dauer können stark variieren, je nachdem ob man an einer klinischen Depression leidet oder ob man nur mal „einen Moralischen" hat. Unsere Ratschläge wenden sich eher an die zweite Gruppe, doch auch wenn Sie an echten Depressionen leiden, finden Sie hier einige hilfreiche Tipps. Klinische Depression ist eine chronische Krankheit, die behandelt werden muss, sei es durch Medikamente oder Therapien oder eine Kombination von beidem. Selbsthilfe-Maßnahmen können diese ergänzen.

- Denken Sie nach, wenn Sie sich bei emotionalen Depressionen zurückziehen! Manchmal ist Alleinsein hilfreich. Aber das Gefühl der Isoliertheit kann dadurch auch verstärkt werden. Seien Sie zu sich selbst aufrichtig. Vielleicht brauchen Sie einen mitfühlenden Zuhörer. Gefühle mitzuteilen kann helfen, die eigene Lage in einem ausgewogeneren Licht zu sehen.

- Manchmal hilft es auch, sich bei jemandem auszuweinen. Wenn Sie sich deprimiert fühlen, glauben Sie oft, dass Sie Andere nicht mit Ihren Sorgen belasten sollten. Wenn Sie aber wirklich gute Freunde haben, können Sie auf deren Hilfe bauen.

- Schlafgewohnheiten können gestört werden, wenn man sich schlecht fühlt. Entweder schläft man zu lange und fühlt sich dann träge und lethargisch, oder man wacht zu früh auf und kommt sich unausgeruht und nervös vor. Falls eines davon bei Ihnen auftritt, lesen Sie die Ratschläge zu Schlaflosigkeit auf Seite 114.

- Wenn Sie sich „down" fühlen, essen Sie immer gut und regelmäßig. Auch wenn Sie dazu kaum motiviert sind – die Mühe lohnt sich! Der Blutzuckerspiegel spielt eine wichtige Rolle bei unseren Stimmungen. Er ist zwar nicht die Ursache für Niedergeschlagenheit, doch wenn der Spiegel stark schwankt, erzeugt das zusätzlich Nervosität, Gereiztheit, Ängstlichkeit, Konzentrationsmangel und niedrige geistige und emotionale Energie. Wie Sie Ihren Blutzuckerspiegel ausgleichen können, erfahren Sie in Kapitel 3 auf Seite 54–73.

- Mit Fitness-Übungen können Sie wirkungsvoll gegen eine deprimierte Stimmung ankämpfen. Sie müssen nicht mehr tun als beispielsweise täglich 30 bis 45 Minuten Walken. Wenn Sie lieber Rad fahren oder Joggen – kein Problem, Hauptsache, Sie sind aktiv. Wenn Sie Ihre Arm- und Beinmuskulatur rhythmisch und ausdauernd beanspruchen, kräftigen Sie gleichzeitig Herz, Lunge, Blutkreislauf und das Lymphsystem, während Ihr Körper Wohlfühlhormone produziert.

- Wenn Sie sich niedergeschlagen fühlen, riskieren Sie, sich zum Schluss für Ihr Gefühl auch noch zu tadeln. Damit verstärken sich Schuldgefühle noch mehr. Das Gefährliche an depressiven Gefühlen ist, dass wir kaum einen bewussten Einfluss darauf haben. Wenn Sie mal einen richtigen Tiefpunkt haben, versuchen Sie das Beste, um mit den negativen Gefühlen fertig zu werden. Behandeln Sie sich selbst genau so, wie Sie Freunde oder Familienmitglieder in solchen Situationen behandeln würden. Das ist keine Schwäche, sondern wesentlicher Teil einer Überlebensstrategie.

- Lassen Sie ätherische Öle in einem Duftlämpchen verdunsten – das wirkt ausgleichend auf Ihre Stimmung und hebt Sie aus einem Stimmungstief empor. Besonders geeignet sind Kamillien-, Muskatellersalbei-, Ylang Ylang-, Lavendel- und Majoranöl.

- Bei leichteren Stimmungstiefs hilft auch Johanniskraut. Einige Medikamente mit diesem Wirkstoff sind verschreibungspflichtig, so dass Sie vorher einen Arzt konsultieren müssen. Johanniskraut kann die Wirkung anderer Arzeimittel abschwächen, z.B. von konventionellen Anti-Depressiva, von Medikamenten gegen Epilepsie, Herzbeschwerden, Asthma, Aids, ebenso von Migränetabletten sowie gerinnungshemmenden Medikamenten.

Ängstlichkeit

Ihr Körper verbraucht viel Energie, wenn Sie häufig unter Angstzuständen leiden. Das hängt teilweise zusammen mit einem Stress-Mechanismus, einer „Kämpfe-oder-Flieh"-Reaktion, die immer dann ausgelöst wird, wenn wir uns bedroht fühlen. Wenn Sie also unter Anspannung stehen, reagiert Ihr Körper automatisch, indem er sich auf einen physischen Kampf oder auf die Flucht weg von der Gefahrenquelle einstellt. In vielen Fällen kann dies genau die richtige Reaktion sein, doch viele Stressprobleme, mit denen wir regelmäßig konfrontiert werden – z.B. Streit mit dem Partner oder eine hohe Arbeitsbelastung –, lassen sich so nicht lösen.

LINKS: *Regelmäßiges Üben ist sehr wichtig, wenn man unter Depressionen leidet.*
OBEN: *Verwenden Sie stimmungsausgleichende ätherische Öle sparsam, denn sie sind hoch konzentriert.*

Wenn Ihr Körper also regelmäßig eine „Kämpfe-oder-Flieh"-Reaktion erzeugt, fühlen Sie sich gereizt, nervös oder angespannt. Ihr Körper schüttet Stresshormone aus, die nicht durch körperliche Aktivität abgebaut werden können. Das führt zu ständig angespannten Muskeln, wiederkehrenden Kopfschmerzen, schlechtem Schlaf, Herzklopfen und eventuell Panikattacken, wenn diese Situation zu lange andauert. All dies baut Ihre Reserven ab.

Die unten erteilten Ratschläge sind von unschätzbarem Wert, wenn Sie normalerweise ruhig sind, aber gestresst auf Druck reagieren. Wenn Sie unter gelegentlichen Panikattacken leiden, lesen Sie die Ratschläge im nächsten Kapitel (Seite 113).

Unsere Ratschläge helfen auch bei Angstzuständen, die infolge von exzessivem Stress oder nach einem schmerzlichen Verlust entstanden sind. Am wichtigsten ist es, sich klarzumachen, dass Sie nicht alleine sind und dass viele andere Menschen ähnliche Probleme haben.

Atemübungen gegen Angst

Beruhigende Atemtechniken können enorm wirkungsvoll sein. Sie helfen Ihnen, sich zu entspannen, wenn Sie sich gereizt fühlen. Wenn Sie unter Stress oder Druck stehen, neigen Sie zu schnellerem und flacherem Atmen. Eventuell beißen Sie als unwillkürliche Abwehrreaktion Ihre Kiefer zusammen und verspannen Ihre Schultern und Ihren Nacken. Dadurch werden Sie noch nervöser und gereizter. Gleichzeitig gerät das Verhältnis zwischen Sauerstoff und Kohlendioxid in Ihrem Blut aus dem Gleichgewicht.

Zum Glück können Sie diesen Kreislauf durchbrechen und sich schnell wieder ruhiger, entspannter und unter Kontrolle fühlen. Sie benötigen nur etwas Konzentration und eine bewusste Anstrengung, um langsam und gleichmäßig zu atmen, wobei Sie Ihre Lungenkapazität voll ausnutzen.

Legen Sie dazu eine Hand oberhalb des Nabels auf Ihren Bauch. Beim Einatmen entspannen Sie bewusst die Brust und füllen Ihre Lunge vollständig mit Luft. Sie merken, wie sich zuerst Ihr Brustkorb hebt, dann der Bereich bis zur aufgelegten Hand hin. Das ist ein Zeichen dafür, dass die Lunge voller Luft ist. Warten Sie eine Sekunde und atmen Sie dann voll wieder aus; die Hand geht in die Ausgangslage zurück, während sich Ihre Lunge völlig leert.

Mit etwas Übung bedeutet dieses Atmen keine Anstrengung mehr, sondern ist ein gleichmäßiger, rhythmischer Fluss, wie eine Welle, die an den Strand rollt und offensichtlich mühelos ins Meer zurückfließt. Forcieren Sie dieses Atmen nicht, sondern lassen Sie sich genug Zeit, damit es sich natürlich anfühlt. Wenn Sie schwindelig werden, schalten Sie für einige Zeit wieder auf Ihr normales Atmen um.

Tipps gegen Angstzustände

- Einige Nahrungsmittel und Getränke verstärken eher die Symptome von Ängstlichkeit. Am besten vermeiden Sie sie völlig oder nehmen unter Druck geringere Mengen zu sich. Dazu zählen: Kaffee, kohlensäurehaltige und koffeinhaltige Getränke, Schokolade, Tee, Alkohol und stark zuckerhaltige Lebensmittel wie Kuchen, Plätzchen, Süßigkeiten.

- Es mag einfach klingen, doch eine der wirksamsten Methoden, kleinere, aber bohrende Sorgen zu bekämpfen, besteht darin, sich vorzustellen, wie diese Probleme wohl in zwei, fünf oder zehn Jahren aussehen. Die Chancen stehen gut, dass Sie mit dieser Technik Probleme wieder in einen realistischen Rahmen rücken und besser beurteilen können.

- Manchmal können bestimmte Situationen oder besondere Phobien Ängstlichkeit auslösen, was sich negativ auf Ihr ganzes Leben auswirken kann. Wenn Sie z.B. davor zurückschrecken vor Publikum zu sprechen, kann

OBEN: *Zu viel Kaffee kann schnell zu Problemen führen. Nehmen Sie lieber milde Getränke zu sich.*
LINKS: *Kontrollierte Atemtechniken wirken ausgezeichnet gegen Angstzustände und Panik.*

sich das negativ auf Ihre Karriere auswirken; Flugangst schränkt automatisch die Wahl Ihrer Feriengebiete ein. Wenn das der Fall ist, sollten Sie einen Psychologen konsultieren. Die von Verhaltenstherapeuten eingesetzten Techniken können sehr nützlich sein. Sie lernen allmählich die Ursache Ihrer Angst genau kennen, so dass Sie etwas dagegen tun können. Es vermittelt Ihnen ein Gefühl der Befreiung, wenn Sie entdecken, dass bisher bedrohlich erscheinende Situationen in Wahrheit gar nicht so fürchterlich sind und Sie den Mut haben, mit ihnen fertig zu werden.

- Wenn Sie sich ängstlich und nervös fühlen, neigen Sie leicht dazu, gleich das Schlimmste anzunehmen. Die Probleme, die Ihnen Unwohlsein verursachen, lösen weitere katastrophale Ereignisse aus und Ihr Leben läuft in ein Desaster. Es ist erstaunlich, wie schnell unsere Einbildung uns ein Schreckensszenario in allen Details vorgaukelt. Meistens tendiert man zwar zu solchen Einbildungen, doch sind sie ganz und gar nicht geeignet, ein Problem zu lösen. Wenn Sie sich in solche Vorstellungen verstricken, können Sie keine rationalen Entscheidungen mehr treffen, die Ihnen bei der Lösung Ihrer Sorgen helfen. Eher trifft das Gegenteil zu, denn Sie verschwenden viel emotionale Energie darauf, über etwas zu grübeln, was doch nicht eintrifft. So verstärken Sie Ihre negativen Gefühle noch mehr. Sie müssen aus diesem Kreislauf ausbrechen. Zunächst sollten Sie das Problem identifizieren, denn Sie können ein Problem nur dann lösen, wenn Sie es erkannt haben. Sobald die ersten Anzeichen auftreten, setzen Sie alles daran, diesen Prozess zu stoppen. Das mag zu Anfang schwierig erscheinen, doch sind die Ergebnisse diese Anstrengung sicher wert.

- Sich mit der Gegenwart auseinanderzusetzen kann enorm helfen, wenn Sie bei jedem Problem, mit dem Sie konfrontiert werden, zu ängstlichen Vorstellungen neigen. Konzentrieren Sie Ihre Aufmerksamkeit auf das, was gerade jetzt abläuft – dadurch gewinnen Sie auch viel mehr Freude an der Gegenwart. Sie verhindern, dass Sie Ihre Gedanken auf negative Art in die Zukunft projizieren. Das ist sehr wichtig, denn für die meisten Probleme ergibt sich gleichzeitig auch eine Lösung – was Sie sonst vielleicht gar nicht erkennen. Es verursacht auch viel weniger Stress, ein Problem direkt anzugehen, wenn Sie mit ihm konfrontiert werden, als sich Schwierigkeiten auszumalen, für die es aktuell keine Lösung gibt.

Zehn einfache Schritte zu positivem Denken

Wenn Sie eine negative Grundeinstellung haben, verschwenden Sie vermutlich Energie darauf, sich über die negativen Folgen künftiger Ereignisse den Kopf zu zerbrechen. Wenn Sie hingegen eine optimistische Perspektive haben, werden auch die Resultate positiv sein. Das stärkt automatisch Ihr allgemeines Vertrauen und Ihre Energien.

Wenn Sie das nächste Mal vor einer herausfordernden Situation stehen, machen Sie sich bewusst, wie Sie reagieren. Wenn Sie eine pessimistische Einstellung bemerken, bemühen Sie sich um eine alternative, optimistischere Perspektive. Das ist zunächst vielleicht schwierig, doch ist die Erwägung positiver Möglichkeiten unbedingt die Mühe wert.

1 Eine positive Perspektive kann nur entstehen, wenn Sie eine Situation von allen Seiten betrachten und nicht automatisch pessimistisch herangehen.

2 Versuchen Sie so flexibel und anpassungsfähig wie möglich zu sein, wenn Sie nach Lösungen suchen, anstatt aufzugeben, wenn Plan A nicht funktioniert. Überlegen Sie, wie dann die Ersatzlösung (Plan B) aussehen könnte. Wenn auch dies nichts bringt, setzen Sie Plan C oder D um.

3 Wie reagieren Sie am ehesten auf Veränderungen? Eine Veränderung an sich ist meistens neutral – es liegt an Ihnen, ob Sie sie als Chance für neue Möglichkeiten oder als Bedrohung sehen. Wenn Sie lernen, eine unvermeidliche Änderung zu akzeptieren, sind Ihre Chancen viel besser, daraus eine bereichernde Erfahrung zu machen.

4 Wenn Ihnen eine größere Herausforderung bevorsteht, grübeln Sie nicht herum, sondern sehen Sie sich als jemanden, der die Aufgabe ruhig, positiv und erfolgreich anpacken kann.

5 Falls frühere Erfahrungen von Versagen oder Enttäuschung Sie davon abhalten, Ähnliches noch mal anzugehen, denken Sie kurz über eine alternative Reaktion nach. Statt die Situation zu vermeiden, lernen Sie aus früheren Misserfolgen. Dann können Sie eine ähnliche Situation viel sicherer anpacken.

6 Wenn Sie sich positiv und konkret ausdrücken, ändert sich auch Ihre Einstellung zu dieser Aufgabe oder Situation und die Wahrnehmung anderer. Wenn Sie z.B. gebeten werden, etwas zu erledigen, sagen Sie „Ja" oder „Nein, tut mir leid, das geht nicht" anstatt „Vielleicht, ich bin nicht sicher" oder „Ich versuch's mal", wobei Sie genau wissen, dass Sie es nicht tun.

7 Wenn zunehmender Stress Sie zermürbt, hilft es enorm, sich einen Moment zu besinnen und sich dem Druck nicht weiter auszusetzen. Vielleicht brauchen Sie nur fünf Minuten entspannende Atemübungen oder eine kurze Pause mit einer Tasse Kräutertee. Am wichtigsten ist es, dass Ihnen diese kurze Pause Freude macht, damit Sie frisch und aufmerksam an die Arbeit zurückgehen.

8 Wenn Sie etwas Positives erreicht haben, sonnen Sie sich ruhig in Ihrem Erfolg und gratulieren Sie sich zu dem, was Sie geschafft haben – auch wenn es nur eine Kleinigkeit ist.

9 Verbringen Sie Zeit mit Menschen, bei denen Sie sich geborgen und wohl fühlen. Das ist kein Luxus, sondern ein wichtiger Weg, die emotionalen Batterien wieder aufzuladen.

10 Nehmen Sie nicht automatisch eine pessimistische Haltung ein. Fast immer gilt gleichermaßen: „Das Glas ist halb leer" oder „halb voll". Selbst eine scheinbar enttäuschende oder herausfordernde Situation kann also unerwarteten Nutzen und Einsichten bringen, wenn Sie sich damit richtig auseinandersetzen.

DIE GEISTIGE ENERGIE STÄRKEN

Der große Nutzung regelmäßiger Meditation und Entspannungsübungen ist inzwischen wohlbekannt. Der bewusste Einsatz regelmäßiger Entspannungstechniken verringert stressbedingte Probleme wie beispielsweise Bluthochdruck, Herzklopfen, Verdauungsschwierigkeiten oder Schlafstörungen. Doch bringen regelmäßig durchgeführte Entspannungstechniken noch weitere Vorteile. Dazu zählen geistige Klarheit, größere emotionale Ausgeglichenheit, bessere Konzentration, höhere Produktivität und Kreativität. Wenn Sie täglich Entspannungsübungen machen, haben Sie schon einen großen Schritt zur Stärkung Ihrer geistigen und emotionalen Reserven getan.

Wie Sie sich entspannen, ist Geschmackssache. Die einen verwenden am liebsten eine CD mit Entspannungsübungen, andere entwickeln lieber eigene Übungen. Auf jeden Fall geht es darum, dass die durchgeführten Übungen tatsächlich entspannen und Sie abschalten lassen.

Im Folgenden stellen wir eine einfache Entspannungsübung vor, die zum Einstieg besonders gut gelingt. Sie beruhigt Ihr Gemüt und macht Ihren Kopf klar.

- Der Raum sollte angenehm warm, gut gelüftet und möglichst frei von störenden Geräuschen sein. Ihre Kleidung sollte bequem sein und Sie nicht behindern. Sie sollte auch warm sein, denn während der Übung verringert sich Ihre Körpertemperatur um einiges.

- Legen Sie sich mit dem Rücken auf den Boden. Liegen Sie so entspannt wie möglich. Arme und Hände sind ausgestreckt und liegen leicht vom Körper entfernt, wobei die Handrücken sanft den Boden berühren und die Finger sich locker gegen die Handflächen biegen. Ihre Beine sollten sich ebenfalls locker anfühlen und etwas gespreizt sein, so dass die Füße etwa 30 cm auseinander liegen.

- Sobald Sie es sich bequem gemacht haben, achten Sie auf Ihre Atmung, wobei Sie sie in einem bewussten, aber leichten, beständigen Rhythmus regulieren.

- Konzentrieren Sie sich auf Ihre Kopf- und Gesichtsmuskeln. Beginnen Sie oben am Kopf und stellen Sie sich vor, wie alle Spannung nachlässt. Dann gehen Sie gleichmäßig über zu Stirn, Wangen, Kiefer und Kinn, wobei Sie bewusst verspannte Muskeln lockern.

- Verfolgen Sie nun Ihren Körper langsam und gleichmäßig nach unten und konzentrieren Sie sich besonders auf Nacken, Schultern und Rücken. Bald erkennen Sie überall verspannte Muskeln – und sind erstaunt, wie verkrampft Sie unbewusst an Stellen wie Händen, Hüften und Schenkeln sind. Wenn Sie diese Verspannungen erkannt haben, lösen Sie sie geistig. Schnell folgt die physische Entspannung.

- Sobald Sie auf diese Weise unten an Ihrem Körper angekommen sind, konzentrieren Sie sich wieder auf die Atmung. Sie sollten sich verlangsamt und zu einem sanften, beständigen Rhythmus gefunden haben.

- Stellen Sie sich beim nächsten Atemzug vor, Sie wären mit einem goldenen Licht voller positiver Energie erfüllt. Das Licht wandert von Ihrem Kopf über den Hals, Brustkorb, Arme, Unterleib und Beine und erfüllt Ihren gesamten Körper mit einem Gefühl ausgeglichener Energie. Beim Ausatmen stellen Sie sich negative Energie vor, die Ihren Körper verlässt und durch das goldene Licht ersetzt wird.

- Sie können diese Vorstellung auch durch ein anderes, Ihrer Stimmung entsprechendes Bild ersetzen.

- Bleiben Sie in diesem entspannten Zustand, solange es bequem ist. Dann kehren Sie allmählich aus dieser Lage zurück.

- Wenn Sie sich bereit fühlen, wenden Sie Ihre Aufmerksamkeit langsam wieder Ihrer Umgebung zu. Bewegen Sie sanft Kopf, Arme, Finger, Beine und Füße – erst mit kleinen, dann größeren Bewegungen – ganz wie Sie es am liebsten haben. Sie können auch Ihren ganzen Oberkörper strecken oder langsam die Knie zum Körper ziehen.

- Wenn Sie die Augen geöffnet haben und sich wieder bewegen wollen, stehen Sie nicht abrupt auf, sondern rollen Sie sich zuerst auf eine Seite, dann setzen Sie sich eine Weile hin, bevor Sie aufstehen.

- Um den größten Nutzen aus dieser Entspannungsübung zu ziehen, sollten Sie sie jeden Tag wiederholen, notfalls in einer verkürzten Version. Für viele ist die Zeit vor dem Schlafengehen am besten – so trägt die Übung zu gesundem Schlaf bei. Am wichtigsten ist aber regelmäßiges Üben. Die Wirkung wird Sie überzeugen, sie täglich durchzuführen.

OBEN: *Geben Sie sich ganz dem Gefühl der Entspannung hin.*

7

Heilkräfte

Dieses Kapitel soll Ihnen praktische, leicht umsetzbare Tipps geben, wenn Sie sich einmal nicht so wohl fühlen. Bei den meisten handelt es sich um alternative und ergänzende Selbstmedikation. Manchmal ist es jedoch besser, einen Arzt bzw. Therapeuten zu konsultieren, um ein Problem zu lösen. Die beschriebenen Symptome haben alle mit unausgeglichenen Energien zu tun. Wir haben Sie wegen der besseren Übersicht in zwei Hauptgruppen unterteilt. In der ersten geht es um Probleme, die oft mit Erschöpfung infolge einer zu anstrengenden Lebensweise zusammenhängen. Die zweite Gruppe umfasst Beschwerden, die aus einem trägen und zu niedrigen Energiefluss resultieren.

Selbstverständlich sollen diese Ratschläge nicht eine konventionelle medizinische Behandlung völlig ersetzen. Falls Sie z.B. ohne ersichtlichen Grund über längere Zeit sehr müde sind, muss ein Arzt Sie untersuchen. Er führt wahrscheinlich einige Routinetests durch, um Krankheitsbilder wie Anämie oder Schilddrüsenfehlfunktionen auszuschließen.

LINKS: *Wir benötigen das richtige Maß an Energie, um den Tag zu bewältigen.*

RECHTS: *Wasser hat eine stark belebende Wirkung.*

Die folgenden Tipps stellen jedoch geeignete Maßnahmen vor, wenn Sie Ihren allgemeinen Energiezustand verbessern wollen. Anerkannte Techniken wie im Folgenden beschrieben können hilfreich sein, wenn Sie sich vielleicht infolge von zu viel Druck oder Stress eine Zeit lang zu sehr vernachlässigt haben und Ihre Vitalität zurückgewinnen möchten.

HYPERENERGETISCHE PROBLEME

Unfähigkeit abzuschalten

Die Unfähigkeit abzuschalten ist einer der ärgerlichsten und häufigsten Nebeneffekte einer zu stressigen Lebensweise. Wenn Sie Ihre Arbeitszeit immer weiter ausdehnen und keine Zeit mehr finden zu entspannen, fällt es Ihnen unweigerlich immer schwerer, wirksam abzuschalten, sobald es nötig ist.

Es gibt bestimmte Verhaltensweisen, die wir gerne akzeptieren, die jedoch langfristig alles schlimmer machen, wie z.B. zu viel Alkohol oder Einnahme von Beruhigungsmitteln. Diese vermitteln Ihnen kein Gefühl der Entspannung und Klarheit im Kopf, sondern machen Sie viel eher schläfrig und etwas high. Probieren Sie lieber die nachstehenden Möglichkeiten. Sie sollten Ihnen helfen, abzuschalten, ohne dabei Ihre Energie und Vitalität zu beeinträchtigen.

Autogenes Training

- Probieren Sie es einmal mit Autogenem Training, eine einfache, aber wirkungsvolle Art abzuschalten und einen tiefen Entspannungszustand zu erreichen.

- Als Anfänger sollten Sie sich am besten von einer qualifizierten Lehrkraft anleiten lassen und nicht selbst experimentieren.

- Sobald Sie die Grundlagen beherrschen, kann Autogenes Training innerhalb kurzer Zeit einen tief entspannten Zustand auslösen. Dabei ist es eine sehr einfache Technik, die überall ausgeübt werden kann.

Yoga

- Yoga lehrt Sie, wie Sie mit Ihrer Atmungsweise ein Gefühl größerer Energie oder einen tief entspannten Zustand erreichen können – je nach Ihren jeweiligen individuellen Bedürfnissen. Durch die Stellungen erzielen Sie innere und äußere Ruhe.

- Als Anfänger besuchen Sie am besten einen Kurs unter qualifizierter Leitung.

Meditation

- Wenn Sie ständig Gedanken nachhängen, können Sie durch eine einfache Meditationstechnik entspannen.

- Setzen Sie sich in einem ruhigen, gemütlichen Raum auf einen Stuhl mit gerader Lehne. Machen Sie Ihren Kopf bewusst frei von allen Gedanken, indem Sie sich auf ein Bild konzentrieren. Das kann ein reales Objekt vor Ihnen sein (z.B. eine angezündete Kerze oder eine Blume) oder auch ein geistiges Bild. Wenn Sie von anderen Gedanken abgelenkt werden – was Ihnen zu Beginn oft passiert –, geben Sie nicht auf. Drängen Sie die unerwünschten Gedanken zur Seite und konzentrieren Sie sich wieder auf das gewählte Bild.

Panikattacken

Es gibt kaum etwas mehr Energie Verzehrendes als ein ständiger Angstzustand. Wenn Sie bei zunehmendem Druck auch noch zu Panikattacken neigen, geraten Sie schließlich in einen Zustand völliger Erschöpfung.

Die folgenden drei alternativen und sich ergänzenden Therapien erzeugen einen Zustand der Entspannung. Sie verringern Ihre Anfälligkeit für Panikattacken und geben Ihnen die Gewissheit, wirksam etwas dagegen unternehmen zu können, sobald die Anspannung zunimmt.

Aromatherapie

- Studien haben gezeigt, dass die Aromatherapie stimmungsausgleichende und stressreduzierende Wirkungen hat. In Kombination mit Massagen spielen ätherische Öle eine wichtige Rolle bei der Linderung geistiger, emotionaler und physischer Anspannungen und Angstzustände.

- Um eine Panikattacke zu erleichtern, inhalieren Sie einige Tropfen eines der nachstehenden ätherischen Öle: **Bergamotte, Ylang Ylang, Lavendel, Muskatellersalbei, Weihrauch**.

LINKS: *Den Augenblick bewusst zu erleben und zu genießen, kann Stress mindern.*

Kräutertherapie

- Ein ständig niedriger Energiezustand infolge nervöser Erschöpfung kann gut mit einer Tinktur aus **Avena Sativa** (Wilder Hafer) behandelt werden. Nehmen Sie dafür einen Monat lang täglich acht Tropfen einer flüssigen alkoholischen Tinktur aus wildem Hafer in einem kleinen Glas Wasser zu sich.

- Tabletten mit einer Kombination aus **Hopfen** und **Baldrian** wirken beruhigend. Besonders **Baldrian** scheint ein Allround-Angstlöser zu sein. Er kann auch eingenommen werden bei starker Aufregung, ohne dass als Nebeneffekte Schläfrigkeit und Benommenheit auftreten.

Homöopathie

- Ängstlichkeit und blinde Panik, die einen schnell und unerwartet befallen, können rasch mit ein oder zwei homöopathischen Dosen **Eisenhut** gemildert werden. Er ist auch ein wertvolles Heilmittel bei Ängstlichkeit, die infolge eines schweren Schocks oder Traumas eintrat.

- Eine unbestimmte Angst, die bei allen möglichen Sorgen eintritt, kann erheblich gemildert werden durch einige Tropfen **Phosphor**. Menschen, die gut darauf ansprechen, sind meist extrovertiert, gesellig und sensibel für die Stimmungen und Nöte anderer. Der Nachteil dieses sehr reaktiven und kreativen Temperaments ist, dass man schnell seine emotionale und körperliche Energie verliert und sich schnell erschöpft und apathisch fühlt.

- Ängstlichkeit, die sich in Aufbrausen und nervöser Gereiztheit, Spannungskopfschmerzen und schweren Schlafstörungen äußerst, lässt sich stark mindern mit einer oder zwei Dosen von **Nux Vomica** (Brechnuss). Symptome für diese Ängstlichkeit sind Abhängigkeit von Kaffee, Alkohol und Zigaretten.

Schlaflosigkeit

Wir alle brauchen regelmäßigen, erfrischenden Schlaf als Grundpfeiler unserer Gesundheit und Vitalität. Sobald Sie längere Zeit unter Schlafstörungen leiden, zahlen Sie einen hohen Preis in Form von geistiger und körperlicher Mattheit, Stimmungswechseln, Anfälligkeit für Infektionen und dicken schwarzen Ringen unter den Augen. Die folgenden Methoden sind sanft, machen nicht abhängig und helfen Ihnen, den negativen Schlafkreislauf doppelt so schnell zu durchbrechen.

Aromatherapie

- Lassen Sie vor dem Schlafengehen im Schlafzimmer einige Tropfen folgenden Ölen in einem Aromalämpchen verdunsten: **Lavendel, Kamille, Ylang Ylang**.

- Alternativ können Sie ein oder zwei Tropfen eines dieser Öle auf einem Tuch neben Ihrem Kopfkissen verdunsten lassen.

Kräutertherapie

- Kräuterpräparate mit **Baldrian** helfen Ihnen, nachts zu entspannen, ohne die Nebenwirkungen konventioneller Schlafmittel zu haben. Schlaftabletten können nach dem Aufwachen ein Benommenheitsgefühl verursachen, das den halben Tag anhält. Außerdem machen sie abhängig, wodurch man immer höhere Dosen benötigt, um den gewünschten Effekt zu erzielen.

Homöopathie

- Kurzzeitige Schlafstörungen nach schlechten Nachrichten oder einem Unfall können mit **Eisenhut** behandelt werden. Dieses Mittel wirkt schnell und ist dann geeignet, wenn Sie sich infolge körperlicher, geistiger und emotionaler Unruhe schlaflos im Bett herumwälzen.

- **Eisenhut** hilft auch gegen Alpträume, die Sie plötzlich in blinder Panik aufwachen lassen.

- Schlafstörungen infolge einer kurzzeitigen Angst z.B. vor großen Herausforderungen im Beruf lassen sich mit einigen Dosen **Arsenicum Album** behandeln. Symptome dieser Art Schlafstörungen sind die Tendenz, nach Mitternacht wieder aufzuwachen, wobei man sich ängstlich und ruhelos fühlt und friert.

- Wenn Ihr Leben hektisch verläuft, Sie sich daher ausgebrannt fühlen und häufig Schlafprobleme haben, helfen Ihnen höchstwahrscheinlich ein paar Dosen **Nux Vomica** (Brechnuss). Dieses Mittel ist besonders dann wirksam, wenn Sie sich an Aufputschmittel wie koffeinhaltige Getränke (Kaffee, Tee, Cola) und Beruhigungsmittel wie Alkohol und Zigaretten gewöhnt haben, um den Stress zu bewältigen. Ein zu hoher Konsum dieser Drogen lässt Sie nachts kaum noch richtig abschalten. Sie riskieren am nächsten Tag einen Kater, schweren Kopf und schlechte Laune.

Spannungskopfschmerzen

Ständige Spannungskopfschmerzen drücken auf die Stimmung, verringern die Konzentration und die allgemeine Vitalität. Spüren Sie am Hinterkopf oder ausgehend von der Schädelbasis bis über die Ohren Schmerzen, so deutet das auf Spannungskopfschmerzen hin. Hals, Schultern und Kiefer sind oft verspannt, die Schultern einige Zentimeter angehoben. Diese angespannte Haltung kann die Schmerzen verschlimmern, da sie den Blutkreislauf in den Kopfmuskeln behindert.

Wenn Sie unter Spannungskopfschmerzen leiden, verschlimmern Sie möglicherweise die Beschwerden durch Einnahme von Schmerzmitteln auf Codein- und Paracetamolbasis. Diese Medikamente lindern den Schmerz zwar kurzfristig, doch auf lange Sicht machen sie alles schlimmer, weil sie als Reaktion neue Kopfschmerzen auslösen.

Die nachstehenden sanften, aber wirksamen alternativen Heilmethoden sollten Sie anwenden, sobald Sie die ersten Spannungskopfschmerzen verspüren. Vielleicht können sie eine Schmerzattacke sogar ganz abwenden.

Aromatherapie

- Lösen Sie vier Tropfen **Pfefferminzöl** in einem Esslöffel Basisöl auf. Tunken Sie ein Wattestäbchen in die Lösung und bestreichen Sie den Bereich des Haaransatzes. Oder inhalieren Sie einige Tropfen **Pfefferminzöl** auf einem Tuch (achten Sie darauf, dass das Öl nicht an Nase und Augen gerät).

- Frauen, die vor der Menstruation stärkere Spannungskopfschmerzen bekommen, können ein paar Tropfen **Muskatellersalbeiöl** in einem Basisöl lösen und am Haaransatz auftragen.

Sofortige Entspannung

- Wenn Sie das nächste Mal von Spannungskopfschmerzen befallen werden, achten Sie einmal auf Ihre Kiefer. Sind sie fest zusammengepresst, ohne dass es Ihnen bewusst wurde? Vielleicht wachen Sie auch mit einem leichten Gefühl der Verspannung im Kiefer auf oder Ihr Partner hat bemerkt, dass Sie im Schlaf mit den Zähnen knirschen. Ist das der Fall, versuchen Sie es mit der folgenden einfachen Entspannungstechnik.

- Entspannen Sie Gesichts- und Kiefermuskeln bewusst, lenken Sie Ihre Aufmerksamkeit darauf, Spannungen in den Schulter- und Armmuskeln abzubauen. Sie stellen dabei fest, dass sich Ihre Lippen leicht öffnen und Ihre Schultern einige Zentimeter absacken. Achten Sie weiter darauf, dass Ihre Armmuskeln entspannt sind. Sobald Sie sich erst einmal daran gewöhnt haben, krümmen sich Ihre Finger leicht zu den Handflächen.

Kräutertherapie

- Ein beruhigender Aufguss von **Lindenblüten**, **Kamille** oder **Zitronenverbene** kann helfen, Spannungskopfschmerzen abzubauen, die der Körper als Reaktion auf Stress erzeugt.

Homöopathie

- Spannungskopfschmerzen infolge langer Nächte, zu viel Stress und Koffeingenuss können durch eine oder zwei Dosen **Coffea** gemildert werden. Symptome für diese Schmerzen sind hohe Geräuschempfindlichkeit, ständige Gedanken, die sich nicht abschalten lassen, und ein einseitiger bohrender Kopfschmerz. Durch Essen werden die Schmerzen schlimmer, Ruhe in einem stillen, dunklen Raum ist am besten.

UNTEN: *Gesunder Schlaf ist der beste Weg, Ihre Batterien wieder aufzuladen.*

- Linksseitige Spannungskopfschmerzen nach dem Schlaf lassen sich mit **Lachesis** behandeln. In dieser Situation kann der Schmerz plötzlich verschwinden durch eine natürliche Erleichterung wie eine laufende Nase, während er sich bei einem Gefühl der Überhitzung und des Eingeschlossenseins verschlimmert.

- Rechtsseitige Spannungskopfschmerzen mit einer verstärkten Sensibilität der Kopfmuskeln und Schmerzen, die durch die leichteste Bewegung schlimmer werden, können schnell mit ein paar Dosen **Bryonia** (Zaunrübe) gemildert werden.

Wassertherapie

- Spannungskopfschmerzen entstehen auch durch leichte Dehydrierung, die zu Verstopfung führen kann. Deshalb ist es wichtig, ausreichend Wasser zu trinken.

Massage

- Wenn Spannungskopfschmerzen ein bekanntes Problem und die Verspannungen wie ein Panzer sind, lassen Sie sich von fachkundiger Seite beraten. Vielleicht sind regelmäßige Hals- und Rückenmassagen oder eine indische Kopfmassage das Richtige für Sie.

Stimmungswechsel

Subtile Stimmungswechsel sind ein Teil unseres Lebens – wir reagieren so auf tägliche Konfrontationen und Anforderungen. Normalerweise muss man sich daher keine Gedanken darüber machen. Starke oder sprunghafte geistige und emotionale Reaktionen hingegen verdienen Aufmerksamkeit, wenn sie ein regelmäßiges Verhalten darstellen. Abgesehen davon, dass man dann keine Kontrolle über sein Leben hat, führen derartige Stimmungswechsel zu Erschöpfung, denn man fühlt sich wie über eine emotionale Achterbahn geschleudert.

Häufige Auslöser von Stimmungswechseln sind Hormonschwankungen oder -ungleichgewichte (z.B. in der Pubertät, Menopause, Schwangerschaft, Schilddrüsenfehlfunktion) oder großen Stress, mit dem man nicht fertig wird. Starke Stimmungsschwankungen können auch auf innere Probleme wie Ängstlichkeit und Depressionen deuten. Ist das der Fall, so sollte so schnell wie möglich professionelle Hilfe gesucht werden, um wieder in Ordnung zu kommen.

Wenn Sie unter Stimmungsschwankungen leiden, weil Sie sich vielleicht nur allgemein erschöpft fühlen oder Ihr Leben eine Zeit lang zu hektisch gelaufen ist, können Ihnen die nachstehenden alternativen Methoden helfen.

UNTEN: *Kopf-, Hals- und Schultermassagen wirken Wunder beim Abbau von Muskelverspannungen.*

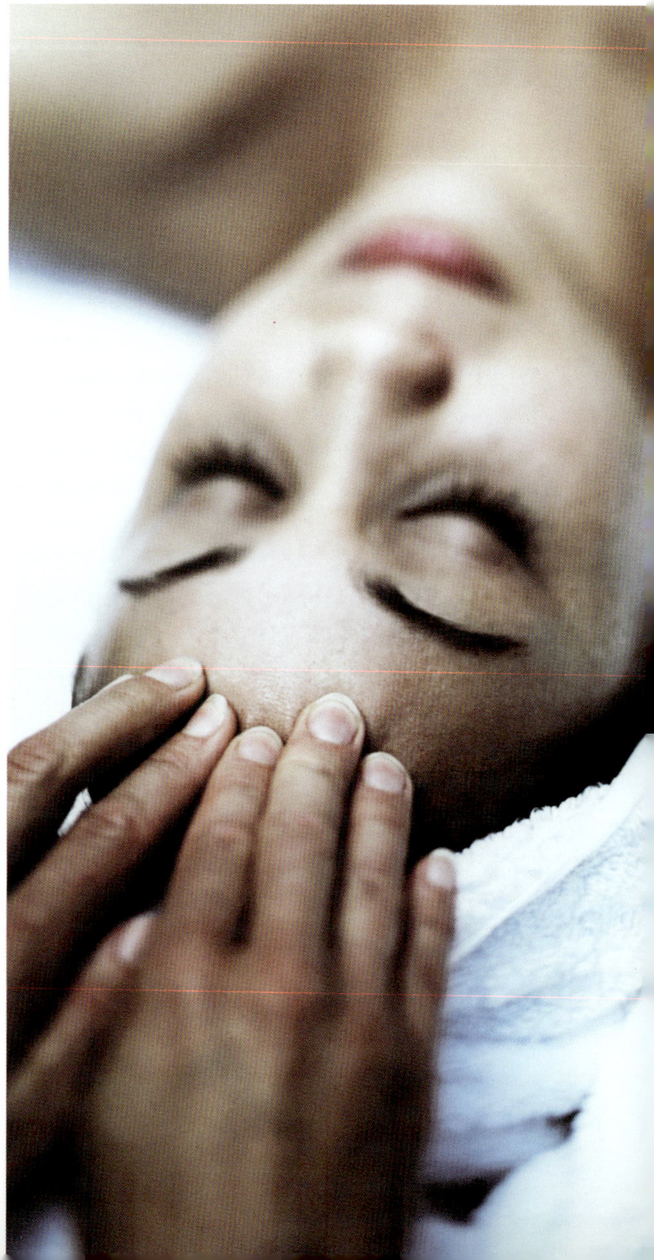

Ausgewogene Ernährung

- Qualität und Häufigkeit Ihrer Mahlzeiten haben einen wesentlichen Einfluss auf Stimmungswechsel. Das hängt damit zusammen, dass schwankende Blutzuckerspiegel zu schlechter Konzentration, Gereiztheit, Nervosität, Benommenheit und Müdigkeit führen. Sie sollten daher auf einen stabilen Blutzuckerspiegel achten.

- Essen Sie alle zwei oder drei Stunden eine Kleinigkeit. Wählen Sie Nahrung, die langsam verdaut wird, z.B. Vollkorncracker, oder ein kleines Stück Obst.

- Vermeiden Sie alles, was den Blutzuckerspiegel stark beeinflusst, wie z.B. Kaffee, Tee, Schokolade, Plätzchen, sowie süße Sprudelgetränke.

- Begehen Sie nicht den Fehler, stundenlang nicht zu essen oder zu trinken. Auf lange Sicht erweisen Sie sich damit keinen Dienst.

- Wenn Sie stark unter Stimmungswechseln leiden und annehmen, dass Ihre Ernährung damit zusammenhängt, sollten Sie einen Ernährungsberater konsultieren.

Nahrungsergänzungsstoffe

- Der **Vitamin-B-Komplex** ist ein wasserlösliches Vitamin, das das Nervensystem bei einer Krise stützt. Sie können es zusätzlich einnehmen, wenn Sie unter Stress leiden.

- Wenn Sie manchmal einen Moralischen haben, nehmen Sie **SAM-e** ein. Dies ist eine Substanz, die auch natürlich in unserem Körper entsteht. SAM-e scheint eine günstige Wirkung auf Stimmungstiefs zu haben und lindert gleichzeitig Gelenk- und Muskelschmerzen. In klinischen Versuchen wurden keine Nebenwirkungen festgestellt. Die empfohlene Anfangsdosis beträgt 200 mg zweimal täglich. (Diese Substanz ist in Deutschland bislang nicht erhältlich)

Aromatherapie

- Lassen Sie paar Tropfen eines der nachstehenden ätherischen Öle verdunsten: **Ylang Ylang**, **Rose**, **Neroli**, **Mandarine**.

- Aroma-Massagen heben ebenfalls Ihre Stimmung. Meist können Sie aus verschiedenen Ölmischungen wählen.

Fitness-Übungen

- Durch regelmäßiges Üben, das auch Ihr Herz und Ihre Lunge stärkt, werden Endorphine ausgeschüttet. Geeignete Betätigungen sind Rad fahren, Joggen, Walking, Schwimmen und Tanzen. Üben Sie dreimal die Woche je etwa 45 Minuten.

Kräutertherapie

- **Rhodiola** wird als Adaptogen eingestuft, das die Stimmung stabilisiert, das Immunsystem stärkt und die Konzentration verbessert. Die empfohlene Dosis beträgt 200-300 mg täglich zu einer Mahlzeit.

Homöopathie

- Schnelle Stimmungswechsel nach einer bedrückenden Erfahrung (z.B. Ende einer Beziehung, Trauerfall oder Verlust der Arbeit) können die kleine Einnahme von **Ignatia** gemildert werden. Dieses rasch wirkende Mittel sollte Ihre Stimmung innerhalb weniger Tage stabilisieren.

- Stimmungswechsel, die eine hormonelle Ursache haben (z.B. Schwangerschaft, vor der Periode oder in der Menopause), können durch einige Dosen **Pulsatilla** (Küchenschelle) gemildert werden. Die klassischen Symptome sind häufiges Weinen, Verlangen nach Trost, Sympathie und Zuwendung, hysterische Weinkrämpfe.

- **Sepia** ist besonders hilfreich bei allgemeiner geistiger, emotionaler und körperlicher Schlaffheit mit gleichzeitigem Gefühl von Hilflosigkeit. Diese negative Spirale beginnt oft als eine Reaktion auf fortwährenden Stress und Druck. Das Mittel kann eine schwache oder fehlende Libido wieder wecken und verleiht Vitalität.

Lichttherapie

- Wenn Sie jeden Winter mit Niedergeschlagenheit, Trägheit und schlechter Laune kämpfen, sollten Sie Ihre Wohnungsbeleuchtung verbessern. Tageslicht-Leuchtmittel ahmen das Sonnenlicht nach und sind eine große Hilfe bei Winterdepressionen.

Myalgische Enzephalomyelitis (ME)

ME ist ein chronischer Zustand der Erschöpfung. Sie tritt also nicht vorübergehend auf, sondern führt zu lang andauernden Beschwerden mit wiederholt auftretenden Symptomen.

Mediziner haben lange darüber gestritten, ob es ME wirklich gibt, doch wurde sie in einem kürzlichen Bericht der britischen Regierung als Krankheit anerkannt, die eine schnellere Diagnose und verbesserte Behandlung erfordert. Heute wird ME allgemein als Krankheit bewertet.

Die Symptome von ME sind sehr quälend und können jede Kombination der folgenden Liste umfassen:

OBEN: *Sonnenlicht kann den Geist beflügeln. In dunklen Wintermonaten ist eine Lichttherapie ein guter Ersatz.*

- Erschöpfung, so dass der Erkrankte nicht mehr das Bett verlässt
- Muskelschmerzen
- Schlechtes Gedächtnis und Konzentration
- Ängstlichkeit
- Depressionen
- Schlafstörungen
- Schweißausbrüche
- Kopfschmerzen
- Soor
- Geschwollene Drüsen
- Verdauungsprobleme mit Magenkrämpfen und Durchfall

Manche Menschen zeigen eine ganze Reihe dieser Symptome, andere nur wenige. Es gibt zahlreiche Auslöser und Ursachen, jede der folgenden könnte in Frage kommen:

- Schwere Virusinfektion mit anschließend zu kurzer Rekonvaleszenz
- Geschädigtes Immunsystem aufgrund zu häufiger Antibiotika-Einnahme
- Antireaktion gegen Impfungen
- Zu stressige Lebensweise mit ungenügendem oder ungesundem Ausgleich

Meist trifft diese Krankheit Menschen im Alter von 15 bis 40 Jahren, Frauen häufiger als Männer. Man nimmt auch an, dass Karriere- und Arbeitsorientierte Menschen die nach einer Krankheit wieder zu schnell zu arbeiten beginnen, anfälliger sind.

Die Diagnose von ME ist manchmal recht schwierig (es gibt keine speziellen Tests, mit denen sich ME diagnostizieren lässt), doch ist eine Behandlung mit alternativen und ergänzenden Heilmitteln hilfreich und Erfolg versprechend. Da die Krankheit chronisch und die Behandlung kompliziert ist, sollte man unbedingt einen hierauf spezialisierten Arzt oder Heilkundigen konsultieren, um die Heilungschancen zu erhöhen. Folgende Therapien sind hilfreich:

- Aromatherapie
- Homöopathie
- Chiropraktik
- Spezielle Nahrungsergänzungsmittel
- Heilende Yoga-Therapie
- Westliche Kräuterheilkunde
- Naturheilkunde
- Stressmanagement
- Traditionelle chinesische Medizin

STÄNDIGE ENERGETISCHE PROBLEME

Ständige Müdigkeit

Der Zustand ständiger Müdigkeit ist meist das Ergebnis verschiedener Ursachen, die in unserer modernen Lebensweise liegen. Hierzu zählen beispielsweise:

- Schlechte Stressbewältigung, wenn man unter Druck steht
- Zu viel Fast Food und Aufputschmittel
- Zu wenig gesunder Schlaf
- Nachwirkungen einer schweren Viruserkrankung
- Unregelmäßiges Essen
- Sitzende Lebensweise

Leider wirkt hier ein Faktor verschlimmernd auf den anderen, was zu einer negativen Spirale von Ermüdung führt. Sie werden immer weiter nach unten gezogen. Wenn Sie z.B. zu wenig körperlich aktiv sind, schlafen Sie nicht gut genug. Deshalb müssen Sie sich morgens aufputschen (mit viel Zucker und Koffein), um Energie zu gewinnen. Dies führt letztlich zu noch mehr Energieverlust und die Aufputschmittel in Ihrem Körper sorgen für die nächste schlechte Nacht.

Das Geheimniss, wie Sie diesen Teufelskreis durchbrechen können, ist eines der Hauptthemen dieses Buchs. Suchen Sie sich eine Methode aus, die Ihnen liegt. Wenn Sie aber nur einmal Schwung benötigen, um eine vorübergehende Müdigkeit zu bekämpfen, helfen Ihnen die nachstehenden Ratschläge. Glauben Sie aber nicht, Sie könnten so ein chronisches Problem lösen. Zunächst müssen Sie Ihre Energie zurückgewinnen, wenn Sie nicht am Ende mit Ihren Bemühungen scheitern wollen.

Aromatherapie

- Einige Tropfen eines ätherischen Öls in einem Aromalämpchen verdunsten lassen oder von einem Tuch inhalieren: **Grapefruit**, **Zitrone**, **Orange**, **Pfefferminze**, **Rosmarin**.

OBEN: *Geeignete Übungen können Kraft, Wohlbefinden und Beweglichkeit stark verbessern – und machen schlank.*

Übung

- Wenn Ihr Problem dadurch entstanden ist, dass Sie den ganzen Tag am Schreibtisch sitzen, nach Hause fahren und abends fernsehen oder im Internet surfen, sollten Sie aktiver werden. Wenn Sie es eher meditativ möchten, eignen sich Bewegungsübungen wie **Hatha Yoga**, **Tai Chi** und **Qigong**. Wollen Sie sich dagegen lieber anstrengen, so fahren Sie **Rad** (notfalls zu Hause auf dem Heimtrainer), **joggen** Sie, treiben Sie **Ashtanga Yoga**, **Tae Bo** oder **Tennis**.

Homöopathie

- Wenn Sie sich träge und nach zu vielen langen Nächten mit zu viel Fast Food und Alkohol oder Kaffee erschöpft fühlen, ist **Nux Vomica** das richtige Mittel. Es wirkt stark entgiftend und nach einigen Dosen fühlen Sie sich wieder wie ein Mensch – sofern Sie künftig auf lange Nächte, Alkohol und Hamburger verzichten. Wenn Sie gerne auf Partys gehen, nehmen Sie immer Nux Vomica mit.

- Wenn Sie nach Energie spendenden Mitteln immer noch erschöpft sind, sollten Sie einen qualifizierten Heilpraktiker konsultieren. Er untersucht Sie ganzheitlich und wird eine sichere Diagnose stellen.

Weitere östliche und westliche Therapien

- Vielleicht möchten Sie auch andere alternative Heilmethoden kennen lernen, z.B. **westliche Kräuterheilkunde**, **Ayurveda** und **traditionelle chinesische Medizin**. Wenn Ihre Erschöpfung mit ständig verkrampften Muskeln und verspannter Haltung zusammenhängt, können **Alexander-Technik** und **Aroma-Massagen** helfen.

Spezielle Nahrungsergänzungsmittel

- **Ginseng** ist für seine vitalitätssteigernden Eigenschaften bekannt. Klinische Versuche belegen, dass es den Körper bei physischem Stress und Druck unterstützt. Als Folge verbessern sich auch der geistige und körperliche Energiezustand, das allgemeine Wohlbefinden, die Konzentration und Abwehrkräfte. Kaufen Sie keine dubiosen **Ginseng**-Billigprodukte, denn die Qualität ist der Schlüssel für positive Ergebnisse. Billigprodukte enthalten oft sehr wenig Wirkstoff. Die optimale Dosis sind 200 mg zweimal täglich jeweils in 100-mg-Teildosen. Wie andere Ergänzungsstoffe sollten Sie Ginseng jedoch nicht ununterbrochen einnehmen, sondern maximal zwei Wochen hintereinander.

- Das **Coenzym Q10** ist ein wichtiges Antioxydans und ist enthalten in fetten Fisch (z.B. Sardinen und Makrelen), Innereien und Erdnüssen. Durch unsere tägliche Nahrungsaufnahme nehmen wir zu wenig dieses Coenzyms auf, damit es therapeutisch wirken könnte. Wenn Ihre Energie infolge der vitalitätsraubenden Lebensweise (s.o.) abnimmt, könnte die Einnahme des Coenzyms Q10 helfen. Ihr Körper erhält dadurch einen Schub, doch sollten Sie auch die Energie verzehrenden Aspekte aus Ihrem Leben verbannen.

Übergewicht

Das optimale Gewicht zu erreichen, ist heutzutage eine komplexe Sache. Die Bilder von superschlanken Models, die uns aus Hochglanzmagazinen entgegen lachen, machen es uns noch schwerer. Die allerneueste und getestete Super-Abmagerungskur verspricht uns die Lösung aller Probleme: Nur so werden wir schlank, begehrenswert, erfolgreich und glücklich. Eine Gesellschaft, die auf äußere Werte mehr achtet als auf innere, erhebt ihre Intoleranz schließlich zur Norm.

Das alles lässt uns um ein paar Extra-Pfunde besorgter sein, als es nötig wäre. Wenn Sie andererseits wirklich besorgt sind, Übergewicht zu haben, wenn Sie sich im Leben eingeengt fühlen und schon beim Treppensteigen außer Atem kommen, ist es an der Zeit, etwas Positives für Ihre Gesundheit und Fitness zu unternehmen – doch ausschließlich für Sie selbst, wobei Ihnen die Meinung anderer egal sein kann.

Um zu beurteilen, ob sie tatsächlich Übergewicht haben, sollten Sie nicht so sehr nach Tabellen gehen, die Ihnen Ihr Idealgewicht angeben, sondern danach, wie Sie sich mit Ihrem Gewicht fühlen. Die folgenden Fragen geben Ihnen eine bessere Beurteilungsgrundlage als Gewichts-tabellen alleine.

- Geraten Sie stark außer Atem, wenn Sie einige Treppen mit einem zügigen Schritttempo hochsteigen oder wenn Sie eine kurze Strecke gerannt sind?
- Fühlt sich Ihre Kleidung unbequem eng an und fühlen Sie sich dadurch beeinträchtigt?
- Gibt es sichtbare Anzeichen von zu viel Masse an Oberarmen, Bauch, Hüften und/oder Schenkeln?
- Fühlen Sie sich zu träge und unmotiviert, einen Übungskurs zu belegen, weil es Ihnen viel zu aufwendig erscheint, dorthin zu kommen?

Wenn Sie über die Hälfte der Fragen mit „ja" beantwortet haben, könnte Ihnen eine gewisse Gewichtsabnahme sicher nicht schaden – Sie würden sich wohler und gesünder fühlen. Falls Sie jedoch mehr wiegen, als nach einer Gewichtstabelle zulässig ist, sich dabei aber völlig fit und gesund fühlen, gibt es keinen Grund abzunehmen. Dies trifft erst recht dann zu, wenn Ihr subjektiver Eindruck durch eine ärztliche Untersuchung Ihrer Herzfrequenz, Lungenkapazität,

UNTEN: *Eine Waage verrät Ihnen zwar, ob Sie Übergewicht haben. Genauso wichtig ist es jedoch, wie gesund und agil Sie sich persönlich mit Ihrem Gewicht fühlen.*

Blutdruck, Cholesterinspiegel und Blutzuckerwerte gestützt wird.

Echtes Übergewicht kann zu den folgenden Problemen führen; es ist also sicher wichtig, etwas dagegen zu unternehmen:

- Erhöhtes Risiko für Typ II-Diabetes
- Herzerkrankungen
- Bluthochdruck
- Gelenkprobleme wie Osteoarthritis
- Krampfadern
- Mangel an Selbstwertgefühl und Selbstvertrauen
- Ständige Müdigkeit

Bei echten Gewichtsproblemen sollten Sie am besten einen Fachmann für eine der nachfolgenden alternativen und sich ergänzenden Heilmethoden konsultieren, der Ihnen am ehesten raten kann, wie Sie auf gesunde Weise Ihr Idealgewicht erreichen und halten können.

- Ayurveda
- Homöopathie
- Ernährungstherapie
- Naturheilkunde

Ernährungstherapie

- Wenn Sie sich um Ihr Gewicht sorgen, checken Sie Ihre Ernährungsweise täglich. Schauen Sie genau und ehrlich auf die Qualität und Menge dessen, was Sie täglich zu sich nehmen. Notieren Sie, was Sie innerhalb von 48 Stunden essen und trinken. Das Ergebnis wird Sie überraschen.

- Stellen Sie einen guten Ernährungsplan auf. Bedenken Sie, dass Nahrung mit wenig Nährwert (mit weißem Mehl, weißem Zucker, gesättigten Fettsäuren, künstlichen Aroma-, Konservierungs- und Farbstoffen) Sie nicht satt macht und Sie bald wieder etwas essen.

- Ersetzen Sie stark verarbeitete Lebensmittel durch frische mit vielen Ballaststoffen, Vitaminen und Mineralstoffen und wenig Proteinen. Meiden Sie fetten Käse, Margarine, zu viel Butter, Gebratenes und Paniertes. Essen Sie stattdessen Ballaststoffreiches wie Salate

aus rohem, geraspeltem oder geschnittenem Gemüse, frisches Obst, ungeröstete und ungesalzene Körner und Nüsse, Hülsenfrüchte, Vollkornbrot und -nudeln, braunen Reis, Fisch, selbstgemachte Suppen und Brühen mit etwas Hühnerfleisch aus Freilandhaltung oder Biofleisch. Verzichten Sie auf Mayonnaise am Salat, machen Sie lieber Dressings aus kaltgepresstem Olivenöl und Essig oder BioJoghurt.

- Vermeiden Sie auf jeden Fall spektakuläre Abmagerungskuren. Nachdem Sie anfangs schnell Gewicht verloren haben, nehmen Sie bei Umstellung auf normale Kost sofort wieder zu. Wahrscheinlich wiegen Sie schließlich mehr als vorher, denn Ihr Körper reagiert auf die „Hungerkur" mit einer Einschränkung des Stoffwechsels. Lassen Sie auch die Finger von „Kuren", die jede gesunde Ernährung ignorieren (z.B. Suppendiäten, Diäten mit wenig Flüssigkeitsaufnahme oder viel gesättigten tierischen Fettsäuren). Vielleicht verliert man damit an Gewicht, doch nur auf Kosten der Gesundheit.

Träge Verdauung

Ein Verdauungsapparat, der oft nicht richtig funktioniert, kann eine Reihe von Problemen bringen, die Ihre Energie stark beeinträchtigen. Schließlich kann man nicht vor Vitalität nur so sprühen, wenn man träge verdaut oder an Verstopfung leidet. Achten Sie in diesem Fall auf gesunde Ernährung. Alternative Heilmethoden wirken sehr gut auf das Verdauungssystem. Die meisten einfachen praktischen Maßnahmen verhelfen Ihnen in ein oder zwei Tagen zu positiven Ergebnissen. Konsultieren Sie jedoch immer einen Arzt, wenn diese Maßnahmen nichts bewirken oder Sie eine unerklärbare Veränderung in Magen oder Darm bemerken.

LINKS: *Waschen oder schälen Sie Obst und Gemüse vor dem Kochen bzw. Essen, auch wenn es aus organischem Anbau stammt.*

Kräutermedizin

- Beschwerden und Blähungen nach zu reichlichem Essen können durch **Pefferminz**- oder **Fencheltee** gelindert werden. Vorsicht, sie wirken stark entblähend!

- Allgemeine Überempfindlichkeit kann gemildert werden, indem Sie ein Stück kandierten **Ingwer** lutschen. Oder trinken Sie eine Tasse **Ingwertee**.

- Übersäuerung nach einer reichlichen Mahlzeit lässt sich bekämpfen mit einem heißen Getränk aus zwei gehäuften Teelöffeln gemahlener **Rotulmenrinde**, in einer Tasse Milch aufgelöst. Rotulmenrinde hat auf den Magen eine reizlindernde Wirkung.

- **Aloe Vera** hat in letzter Zeit viel Aufmerksamkeit erregt. Sie soll den Verdauungsapparat beruhigen und regelmäßige Darmbewegung fördern. Das Mittel scheint nicht wie konventionelle Antacide (gegen Magensäure wirkend) und Abführmittel zu Abhängigkeit und schlechter Absorption zu führen.

Homöopathie

- Einfache Fälle von Blähungen bei einem gleichzeitigen Völlegefühl im Magen und den Eingeweiden können schnell mit einer oder zwei Dosen **Carbo veg** behoben werden.

- Hartnäckige Verstopfung infolge einer leichten Dehydrierung mit dumpfem, „toxischem" Kopfschmerz und Gereiztheit kann durch zwei oder drei Dosen **Bryonia** erheblich reduziert werden.

Wassertherapie

- Viele Menschen kennen die Wichtigkeit ballaststoffreicher Ernährung, wissen jedoch nicht, dass viele Verdauungsprobleme auf zu wenig Flüssigkeitszufuhr mit leichter Dehydrierung zurückzuführen sind. Gewöhnen Sie sich an, im Verlauf des Tages mindestens fünf Gläser Leitungs- oder stilles Mineralwasser zu trinken.

Adressen

Deutschland

Deutsche Gesellschaft für Akupunktur und Neuraltherapie e.V.
Mühlweg 11
07929 Saalburg-Ebersdorf
Tel.: 036651/ 55 075
Fax: 036651/ 55 074
www.dgfan.de

Therapeutengemeinschaft für medizinisches Qigong
c/o Jörg Frankenberger
Ihnestrasse 41
14195 Berlin
Tel.: 030/ 832 806 7
Fax: 030/ 841 075 58
www.qi-net.de

Deutscher Tai Chi Bund – Dachverband für Tai Chi und Qigong e.V.
c/o Dr. Stephan Langhoff
Am Elisabethgehölz 12
20535 Hamburg
Tel. und Fax: 040/ 210 21 23
www.tai-chi-verband.de

Tajiquan und Qigong Netzwerk Deutschland e.V.
Bleichenstr. 7
30169 Hannover
Tel.: 0511/ 169 176 7
Fax: 0511/ 235 853 6
www.netzwerk.linc.de

Deutsche Gesellschaft für Ernährung e.V.
Godesberger Allee 18
53175 Bonn
Tel.: 0228/ 377 660 0
Fax: 0228/377 680 0
www.dge.de

Deutsche Gesellschaft für Klassische Homöopathie e.V.
Saubsdorfer Str. 9
86807 Buchloe
Tel.: 08241/ 911 680
Fax: 08241/ 911 702
www.dgkh-homoeopathie.de

Österreich

Österreichische Qigong Gesellschaft
Postfach 128
1120 Wien
Tel.: 0664/ 630 308 1 oder
0699/ 183 030 81
www.qigonggesellschaft.at

Österreichische Gesellschaft für Ernährung
Zaunergasse 1-3 (Palais Fanto)
1030 Wien
Tel.: 01/ 714 719 3
Fax: 01/ 718 614 6
www.oege.at

Österreichische Wissenschaftliche Ärztegesellschaft für Akupunktur
Schwindgasse 3/9
1040 Wien
Tel.: 01/ 505 039 2
Fax: 01/ 504 150 2
www.akupunktur.org

Österreichische Gesellschaft für homöopathische Medizin
Mariahilferstr. 110
1070 Wien
Tel.: 01/ 526 757 5
Fax: 01/ 526 757 54
www.homoeopathie.at

Gesellschaft für Alternative Medizin
Schubertgasse 22
1090 Wien
Tel.und Fax: 01/319 655 4
www.gam.at
www.americanherbalistguild.com

Österreichische Gesellschaft für Akupunktur
Kaiserin Elisabeth-Spital
Huglgasse 1-3
1150 Wien
Tel.: 01/ 981 045 758
Fax: 01/ 981 045 759
www.akupunktur.at

Schweiz

Schweizerische Vereinigung für Ernährung
Effingerstr. 2
Postfach 8333
3001 Bern
Tel.: 031/ 385 000 0
Fax: 031/ 385 000 5
www.svw.org

Schweizerische Yoga Gesellschaft
Aarbergergasse 21
3011 Bern
Tel.: 031/ 311 071 7
Fax: 031/ 311 071 1
www.yoga.ch.

Schweizerische Gesellschaft für Qigong und Taijiquan
Bündtenstrasse 23
4703 Kestenholz
Tel.: 062/ 393 317 7
Fax: 062/ 393 017 1
www.sgqt.ch

Schweizerische Homöopathie Gesellschaft SHG/ SGKH
Postfach 1050
8134 Adliswil
www.homoeopathie.org

Schweizerische Ärztegesellschaft für Aurikolomedizin und Akupunktur
Postfach 176
8575 Bürglen
Tel.: 071/ 634 661 9
Fax: 071/ 634 661 8
www.akupunktur-tcm.ch

Bücher, die weiterhelfen

Akupressur. Gondrom 2001

Alles in Balance! Die vitale Säure-Basen-Küche. Gondrom 2004

Aromamassage. Gondrom 2004

Autogenes Training. Gondrom 2001

Das Wohlfühl- und Gesundheitsbuch für Frauen. Gondrom 2004

Fit und gesund mit Massage. Gondrom 2001

Fruchtig-Frische Muntermacher. Smoothies & Shakes & Säfte. Gondrom 2004

Johanniskraut. Grondrom 2002

Kneippen. Gondrom 2002

Licht für die Seele. Gondrom 2004

Massage. Gondrom 2004

Mit Genuss entschlacken. Rezepte für Schwung und Vitalität. Gondrom 2004

Qigong. Gondrom 2004

Reflexzonenmassage. Gondrom 2001

Rückenschule. Gondrom 2002

Sauna. Gondrom 2002

Schlemmen Sie sich glücklich. Leckereien für ihr Wohlbefinden. Gondrom 2004

Strahlend schön. Gondrom 2004

Stress-Pause. Wege zur Erholung, Entspannung, Erneuerung. Gondrom 2004

Tai Chi. Gondrom 2001

Walking. Gondrom 2002

Yoga und Pilates. Fitness für Körper und Seele. Gondrom 2004

REGISTER

BILDNACHWEIS UND DANKSAGUNG

Bildnachweis

Wir haben uns bemüht, jeweils Quelle und Copyright-Inhaber aller Bilder korrekt anzugeben. Der Verlag entschuldigt sich für unbeabsichtigte Fehler oder Auslassungen, die in künftigen Auflagen korrigiert werden.

Alamy Images 55, 59, 62, 63, 84, 100, 118, 120, 122
Camera Press 102, 103
Carlton Books 1, 19, 24, 25, 26, 32, 34l, 34r, 42, 44, 45, 54, 56, 57, 65, 71, 73, 78, 90, 91, 92, 115
Corbis 13, 74
David Loftus 58, 66, 69
Flowerphotos 101
Getty Images 4, 6, 9, 10, 11, 12, 14, 16, 17, 18, 21, 22, 27, 28, 29, 31, 33, 35, 36, 39, 41, 47, 49, 50, 51, 52, 67, 68, 70, 86, 88, 90, 93, 109, 110, 112, 116, 121
Photonica 38, 61, 76, 80, 83, 96
Science Photo Library 20, 37
Scope Beauty 79, 87, 95, 98, 104, 106, 111
Vang/Rudolph Productions 48, 65

Danksagung der Autorin

Mein herzlicher Dank geht an alle folgenden Personen, die eine wichtige Rolle beim Zustandekommen dieses Buchs gespielt haben.

Ohne meine Agentin Teresa Chris wäre dieses Buch nie entstanden, denn das Konzept stammt von ihr. Judith More half mir bei der Weiterentwicklung des Konzepts mit ihren, treffenden Kommentaren und ihrer Aufmerksamkeit, während Zia Mattocks und Siobhan O'Connor dem Manuskript den letzten Schliff gaben.

Zu Hause fand ich – wie immer – die Unterstützung meines wunderbaren Mannes Denis. Er scheute keinen Zeitaufwand, das Manuskript kritisch zu lesen, dachte sich treffende Bildunterschriften aus und schimpfte nicht, wenn wieder mal ein Wochenende für dieses Buch geopfert werden musste. Er half mir mit seinem spontanen Sinn für Humor über frustrierende Augenblicke hinweg. Für all das gehören ihm mein Dank und meine ganze Liebe.